Hans Heinrich

Schwank, Satire, Parabel, Anekdote

Ausgearbeitete Stundenbilder
mit Texten, Arbeitsblättern und
Bildmaterial

Auer Verlag GmbH

Gedruckt auf umweltbewusst gefertigtem, chlorfrei gebleichtem
und alterungsbeständigem Papier.

1. Auflage. 2005
© by Auer Verlag GmbH, Donauwörth
Alle Rechte vorbehalten
Das Werk und seine Teile sind urheberrechtlich geschützt. Jede Nutzung in anderen
als den gesetzlich zugelassenen Fällen bedarf der vorherigen schriftlichen Einwilligung
des Verlages. Hinweis zu § 52a UrhG: Weder das Werk noch seine Teile dürfen ohne
eine solche Einwilligung eingescannt und in ein Netzwerk eingestellt werden. Dies gilt
auch für Intranets von Schulen und sonstigen Bildungseinrichtungen.
Satz: Fotosatz Buck, Kumhausen
Druck und Bindung: Ludwig Auer GmbH, Donauwörth
ISBN 3-403-04271-5

Inhalt

Vorwort 4

I. Schwänke / Lügengeschichten
1. Gottfried August Bürger: Feldzüge und lustige Abenteuer des Freiherrn von Münchhausen (Auszüge) 5
2. Johann Peter Hebel: Der große Schwimmer 13
3. Johann Peter Hebel: Der Herr Wunderlich 21
4. Jeremias Gotthelf: Der Geizhals 27

II. Anekdoten
1. Catharina Bachem-Tonger: Weit gereist 33
2. Über die Anekdote 36
3. Johann Gottfried Herder: Die ewige Bürde 37
4. Heinrich von Kleist: Sonderbarer Rechtsfall in England 43
5. Heinrich Böll: Anekdote zur Senkung der Arbeitsmoral 47

III. Satiren / Karikaturen
1. Art Buchwald: Fernsehen als Scheidungsgrund 53
2. Kurt Tucholsky: Was darf die Satire? 56
3. Klaus Stiller: Traumberuf Bankräuber 59
4. Erich Kästner: Das Märchen von der Vernunft 67
5. Günter Kunert: Ballade vom Ofensetzer 73
6. Die politische Karikatur – Satire in gezeichneter Form 79

IV. Parabeln
1. Bertolt Brecht: Keuner-Geschichten (Herrn K.s Lieblingstier / Freundschaftsdienste) ... 85
2. Heinrich Böll: Skelett einer menschlichen Siedlung 91
3. Über die Parabel 98
4. Kurt Marti: Neapel sehen 99
5. Issac Asimov: Wahre Liebe 105
   Günter Kunert: Die Maschine
6. Reiner Kunze: Sechsjähriger / Achtjähriger 113
   Kurt Tucholsky: Kleine Begebenheit
7. Helga M. Novak: Eis 119
8. Franz Kafka: Der Fahrgast / Der Aufbruch 125

V. Brief / Tagebuch
1. Ludwig van Beethoven: Das Heiligenstädter Testament 131
2. Das Tagebuch der Anne Frank 135

Textquellenverzeichnis 150
Anhang 151

Vorwort

Der Literaturunterricht soll Schüler befähigen, epische, lyrische und dramatische Texte zu lesen und zu erschließen, um sie in ihrem Eigenwert als literarische Werke und als Bereicherung des persönlichen Lebens verstehen und schätzen zu können.
Ohne auf grundlegende literarische Kenntnisse zu verzichten, die sich bei der Arbeit mit Schwänken, Anekdoten, Satiren und Parabeln usw. ergeben, sollte der Lehrer die Lesefreude bei seinen Schülern wecken und fördern. Auch das flüssige und Sinn erfassende Lesen sowie das freie Vortragen müssen dabei ständig gepflegt werden.

Bei der Bearbeitung der einzelnen Texte können jeweils andere Schwerpunkte der Literaturarbeit gesetzt werden.

Der vorliegende Band stellt zwölf Parabeln, fünf Schwänke, fünf Satiren, vier Anekdoten, einige Karikaturen, einen Brief und ein Tagebuch vor, die so behandelt werden sollten, dass sie von Jugendlichen als Einheit betrachtet und erlebt werden können. Ohne die Texte zu zerreden, sollten die bei ihrer Erschließung zu gewinnenden Einsichten mit Hilfe von Leitfragen möglichst durch die Schüler selbst gefunden werden. In die Arbeit mit den vorliegenden Texten werden nahezu immer Lebensbeschreibungen der Autoren sowie Informationen über Entstehungsbedingungen und Zeithintergründe mit einbezogen, die das Verständnis unterstützen.

Die didaktische Aufbereitung umfasst sämtliche Elemente eines schülerorientierten Literaturunterrichts, der sowohl dem fachlichen wie dem methodischen Anspruch gerecht wird. Die vorliegenden 22 Stundenmodelle weisen einen motivierenden Einstieg, eine strukturierte Erarbeitung von Inhalt und Gehalt der Texte und eine angemessene Wertungsphase auf. Zu jeder Unterrichtseinheit gehört ein optisch ansprechendes Arbeitsblatt, das die wichtigsten Ergebnisse des Unterrichts zusammenfasst und Raum zum Transfer gibt. Das Tafelbild ist in der Unterrichtsskizze festgelegt, kann aber vom Lehrer selbstverständlich modifiziert werden.

Die klaren Unterrichtsstrukturen können leicht ausdifferenziert und an die individuellen Klassensituationen angepasst werden.

Feldzüge und lustige Abenteuer des Freiherrn von Münchhausen (Gottfried August Bürger)

Lernziele
- Kennenlernen von Lügengeschichten
- Herausfinden der Gestaltungsmerkmale einer Lügengeschichte
- Wissen um die historische Person des Karl Friedrich Hieronymus Freiherr von Münchhausen
- Wissen um die Entstehung des Werks
- Herausfinden der Absicht des Verfassers

Arbeitsmittel / Medien / Literaturhinweise
- Textblätter (2)
- Arbeitsblatt mit Lösung
- Folien (Zeichnungen aus Münchhausen-Abenteuern; Astronaut auf dem Mond; die drei Autoren der Münchhausiaden; Baron von Münchhausen im Kreise seiner Zechkumpanen; Bild: Ritt auf der Kanonenkugel)
- Videofilm: Münchhausen

Tafelbild/Folien

Stundenbild

I. Hinführung
St. Impuls	Folie	Münchhausen: Ritt auf der Kanonenkugel
Aussprache		
Zielangabe	Folie	*Feldzüge und lustige Abenteuer des Freiherrn von Münchhausen*
		L: Kennenlernen von zwei Episoden

II. Darbietung des Textes
	Textblatt 1	Münchhausens Mondbesteigung
SSS lesen		
Aussprache mit Vermutungen		

III. Arbeit am Text

L: Klärung schwieriger Begriffe

Zsf.	TA	
		Häckerlinge = klein geschnittenes Stroh, Häcksel
		Horn = Sichel
		Klafter = Längenmaß: Spannweite der seitwärts gestreckten Arme, zwischen 1,7 und 2,5 m; Raummaß für Holz: 3,339 m³

Arbeitsaufgabe in der Gruppe — L: Belege mit Hilfe von Textstellen sammeln, dass es sich um eine Lügengeschichte handelt.

Gruppenarbeit
Zsf. Gr.berichte
Impuls — L: Münchhausen-Geschichten gibt es viele, doch alle haben einen gemeinsamen Aufbau.
Aussprache

Zsf.	TA	
		❶ Einleitung: realistischer Beginn
		❷ Hauptteil: Lügengeschichte
		❸ Schluss: Rückkehr in die Realität

IV. Wertung
Impuls		L: „Mondbesteigung" heute?
Aussprache	Folie	Astronaut im Raumanzug
Impuls	Folie	Bilder aus Münchhausen-Abenteuern
Aussprache mit kurzer Beschreibung des Abenteuers		
Stummer Impuls	Folie	Bild: Münchhausen im Kreise seiner Zechkumpanen
Aussprache		Besonderheit: spitze, sehr lange Nase ⇨ Lügen

V. Sicherung
Zsf.	AB	Münchhausens Mondbesteigung
Kontrolle	Folie	

VI. Vertiefung
Hausaufgabe	Textblatt 2	Reise nach Russland und St. Petersburg
Besprechung		

VII. Ausweitung
	Informationsblatt	Münchhausens Abenteuer und ihre drei Autoren
Erlesen des Textes		
Aussprache		
	u. U. Videofilm	Münchhausen

Münchhausens Mondbesteigung
(Gottfried August Bürger)

Trotz aller meiner Tapferkeit und Klugheit, trotz meiner und meines Pferdes Schnelligkeit, Gewandtheit und Stärke ging's mir in den Türkenkriegen doch nicht immer nach Wunsch. Ich hatte sogar das Unglück, durch die Menge übermannt und zum Kriegsgefangenen gemacht zu werden. Ja, was noch schlimmer war, aber doch immer unter den Türken gewöhnlich ist, ich wurde als Sklave verkauft. In diesem Stande der Demütigung war mein Tagewerk nicht sowohl hart und sauer als vielmehr seltsam und verdrießlich. Ich musste nämlich des Sultans Bienen alle Morgen auf die Weide treiben, sie daselbst den ganzen Tag lang hüten und dann gegen Abend wieder zurück in ihre Stöcke treiben.

Eines Abends vermisste ich eine Biene, wurde aber sogleich gewahr, dass zwei Bären sie angefallen hatten und ihres Honigs wegen zerreißen wollten. Da ich nun nichts anderes Waffenähnliches in Händen hatte als die silberne Axt, welche das Kennzeichen der Gärtner und Landarbeiter des Sultans ist, so warf ich diese nach den beiden Räubern, bloß in der Absicht, sie damit wegzuscheuchen. Die arme Biene setzte ich auch wirklich dadurch in Freiheit. Allein durch einen unglücklichen, allzu starken Schwung meines Armes flog die Axt in die Höhe und hörte nicht auf zu steigen, bis sie im Monde niederfiel. Wie sollte ich sie nun wiederkriegen? Mit welcher Leiter auf Erden sie herunterholen?

Da fiel mir ein, dass die türkischen Bohnen sehr geschwind und zu einer ganz erstaunlichen Höhe emporwüchsen. Augenblicklich pflanzte ich also eine solche Bohne, welche wirklich emporwuchs und sich an eins von des Mondes Hörnern von selbst anrankte. Nun kletterte ich getrost nach dem Monde empor, wo ich auch glücklich anlangte. – Es war ein ziemlich mühseliges Stückchen Arbeit, meine silberne Axt an einem Orte wiederzufinden, wo alle anderen Dinge gleichfalls wie Silber glänzten. Endlich aber fand ich sie doch auf einem Haufen Spreu und Häckerling.

Nun wollte ich wieder zurückkehren, aber ach! – die Sonnenhitze hatte indessen meine Bohne aufgetrocknet, so dass daran schlechterdings nicht wieder herabzusteigen war. Was war nun zu tun?

Ich flocht mir einen Strick von dem Häckerling, so lang ich ihn nur immer machen konnte. Diesen befestigte ich an eins von des Mondes Hörnern und ließ mich daran herunter. Mit der rechten Hand hielt ich mich fest, und in der linken führte ich meine Axt. Sowie ich nun eine Strecke hinuntergeglitten war, so hieb ich immer das überflüssige Stück über mir ab und knüpfte dasselbe unten wieder an, wodurch ich denn ziemlich weit heruntergelangte. Dieses wiederholte Abhauen und Anknüpfen machte nun freilich den Strick ebenso wenig besser, als es mich völlig hinab auf des Sultans Landgut brachte.

© MEV

Ich mochte wohl noch ein paar Meilen weit droben in den Wolken sein, als mein Strick auf einmal zerriss und ich mit solcher Heftigkeit herab zu Gottes Erdboden fiel, dass ich ganz betäubt davon wurde. Durch die Schwere meines aus einer solchen Höhe herabfallenden Körpers fiel ich in ein Loch, wenigstens neun Klafter tief, in die Erde hinein. Ich erholte mich zwar endlich wieder, wusste aber nun nicht, wie ich wieder herauskommen sollte. Allein, was tut nicht die Not! Ich grub mir mit meinen Nägeln, deren Wuchs damals vierzigjährig war, eine Art von Treppe und förderte mich dadurch glücklich zutage.

Münchhausens Abenteuer und ihre drei Autoren

Der erste und ursprüngliche Verfasser der so genannten „Münchhausiaden" war **Karl Friedrich Hieronymus Freiherr von Münchhausen**, genannt der „Lügenbaron", der am 11. Mai 1720 in Bodenwerder an der Weser geboren wurde. Als fünftes von acht Kindern stammte er aus feinstem niedersächsischen Uradel. Zunächst diente er als Page am Hofe von Wolfenbüttel. Mit 17 Jahren wurde er zum Erbprinzen Anton Ulrich geschickt, der in russischen Militärdiensten stand. Dort machte er Karriere, war 1739 Kornett, 1740 bereits Leutnant. Aufgrund der Änderung der politischen Situation in Russland ging es mit seiner Offizierskarriere nicht weiter. 1744 heiratete er in Livland Jacobine von Dunten. Erst 1750 wurde er zum kaiserlich russischen Rittmeister ernannt. Nicht gesichert ist, ob Münchhausen an zwei Kriegen gegen das Osmanische Reich und am schwedisch-russischen Krieg teilgenommen und ferne Länder bereist hat. Jedenfalls schied er aus dem Militärdienst aus und begann seine zweite Existenz als Herr auf seinem Gut Bodenwerder und als Erzähler fantastischer Geschichten über seine angeblichen Abenteuer.

In dem Blättchen „Vade Mecum für lustige Leute" wurden 1781 sechzehn, 1783 nochmals zwei seiner Erzählungen als „M-h-s-nsche Geschichten" abgedruckt. Sein Lebensabend war unglücklich. Dazu führten die unerwünschten, sein Ansehen und seine Ehre schädigenden Veröffentlichungen der bekannten Geschichten unter seinem Namen, der Tod seiner Frau nach glücklicher 46-jähriger Verbindung und die 1794 geschlossene Ehe mit der 17-jährigen Bernhardine von Brünn, welche alsbald mit schlimmen Zerwürfnissen und einem Aufsehen erregenden und ruinösen Scheidungsprozess endete. Am 22. Februar 1797 starb Münchhausen nach einem Schlaganfall kinderlos im Alter von 76 Jahren.

Zwei zwielichtige Professoren trugen entscheidend zur Rufschädigung Münchhausens bei. Der erste von beiden war **Rudolf Erich Raspe**, der von 1737 bis 1797 lebte, ein Abenteurer, der an zwei Universitäten gut ausgebildet worden war. Zunächst war er Beamter am Hof in Kassel. Da er aber mit Geld nicht Maß halten konnte, war er ständig verschuldet und vergriff sich 1775 an öffentlichen Geldern. Um der Verhaftung zu entgehen, floh er nach England. Dort arbeitete er als Münzfachmann, Bergwerksingenieur, Übersetzer und Schriftsteller. Raspe übertrug die in Deutschland veröffentlichten Münchhausen-Geschichten unter dem Titel „Baron Munchhausen's Narrative of His Marvellous Travels and Campaigns in Russia" ins Englische und dichtete selbst neue Schwänke dazu, verschwieg aber seine Autorenschaft. Nach zwei unruhigen Jahrzehnten starb Raspe in einer Kohlenmine Irlands an Fleckfieber.

Der dritte Autor um die Münchhausen-Geschichten war **Gottfried August Bürger**, der am 31. Dezember 1747 in Molmerswende/Unterharz als Pfarrerssohn geboren wurde und am 8. Juni 1794 in Göttingen an Schwindsucht starb. Als außerordentlicher Professor mit der Ehrendoktorwürde in Göttingen war Bürger ein Dichter des Sturm und Drang, erhob die Ballade zur hohen Kunstform („Leonore", 1776), übersetzte Homer, Vergil, Shakespeare und 1786 auch Raspes Version der Münchhausen-Geschichten ins Deutsche zurück. Auch Bürger erfand selbst weitere Münchhausiaden, wodurch Karl Friedrich Hieronymus Freiherr von Münchhausen erst berühmt wurde. Auch Bürger vermied die Nennung seiner Autorenschaft. Als Mensch war er ein zerrissener, labiler Mann, der mit zwei Frauen, Dorette und Auguste („Molly") Leonhart, in einer Ehe zu dritt lebte. Sein Juristenamt überforderte ihn, Schiller zweifelte seine Qualitäten als Dichter an, und seine akademische Tätigkeit wurde von den Universitätskollegen ständig bespöttelt. Seine Frau Dorette starb 1784 an den Folgen der Geburt ihres dritten Kindes. 1786 starb auch Auguste, mit Bürger inzwischen offiziell verheiratet. Bürger heiratete noch einmal. Seine dritte, über zwanzig Jahre jüngere Frau, betrog ihn regelmäßig und verließ ihn 1792. Bürger musste mit dem Spott seiner Zeitgenossen bis zu seinem Tod leben.

Arbeitsblatt: Münchhausens Mondbesteigung

Münchhausens Mondbesteigung
(Gottfried August Bürger)

Der Dichter Gottfried August Bürger (1747–1794) trug entscheidend dazu bei, dass uns Münchhausens Name vertraut ist. Im Jahre 1786 stieß er auf eine englische Ausgabe mit Erzählungen von Münchhausen. Diese übersetzte er ins Deutsche zurück. Weil sie ihm so gut gefielen, dichtete er weitere hinzu. Gottfried August Bürgers Freund, der Verleger Johann Christian Dietrich, veröffentlichte diese Erzählungen unter dem Titel „Feldzüge und lustige Abenteuer des Freiherrn von Münchhausen. Wunderbare Reisen zu Wasser und zu Lande".

❶ Suche alle Textstellen, die belegen, dass es sich bei Münchhausens Mondbesteigung um eine Lügengeschichte handelt.

_____
_____
_____
_____
_____
_____
_____

❷ Was sind die Merkmale einer Lügengeschichte?
_____
_____

❸ Wie stellt sich Münchhausen selbst in seiner Geschichte dar?
_____
_____
_____

❹ Untersuche den Aufbau dieser Münchhausiade.
_____
_____
_____

❺ Kennst du weitere Münchhausen-Geschichten?
_____
_____
_____
_____

Lösungsblatt: Münchhausens Mondbesteigung

Münchhausens Mondbesteigung
(Gottfried August Bürger)

Der Dichter Gottfried August Bürger (1747–1794) trug entscheidend dazu bei, dass uns Münchhausens Name vertraut ist. Im Jahre 1786 stieß er auf eine englische Ausgabe mit Erzählungen von Münchhausen. Diese übersetzte er ins Deutsche zurück. Weil sie ihm so gut gefielen, dichtete er weitere hinzu. Gottfried August Bürgers Freund, der Verleger Johann Christian Dietrich, veröffentlichte diese Erzählungen unter dem Titel „Feldzüge und lustige Abenteuer des Freiherrn von Münchhausen. Wunderbare Reisen zu Wasser und zu Lande".

❶ **Suche alle Textstellen, die belegen, dass es sich bei Münchhausens Mondbesteigung um eine Lügengeschichte handelt.**
- Bewachen einer „Herde" von Bienen
- Axt, die bis zum Mond fliegt
- Türkisches Bohnenkraut, das bis zum Mond wächst
- Klettern bis zum Mond (Entfernung, luftleerer Raum)
- Aufenthalt/Wachstum auf dem Mond (lebensfeindliche Bedingungen)
- Befestigung des Strickes am Horn des Mondes
- Verlängerung des Strickes beim Heruntersteigen so nicht möglich
- Aufprallen auf dem Erdboden aus Meilenhöhe (Tod)
- Befreiung aus einer Grube mit rund 20 m Tiefe durch bloßes Graben mit den Händen

❷ **Was sind die Merkmale einer Lügengeschichte?**
Merkmale sind Übertreibungen, Unwirklichkeiten und Aufschneiderei. Das Unwahrscheinliche und Fantastische wird als tatsächliches Geschehen dargestellt.

❸ **Wie stellt sich Münchhausen selbst in seiner Geschichte dar?**
Münchhausen als Ich-Erzähler stellt sich als tapferen, mutigen und fantasiebegabten Helden und Übermenschen dar, dem Taten gelingen, die oft nicht mehr im Einklang mit den Naturgesetzen stehen. Er erzählt so überzeugend, dass das Fantastische als wahrheitsgetreues Erlebnis erscheint.

❹ **Untersuche den Aufbau dieser Münchhausiade.**
Allen Münchhausiaden liegt folgendes Schema zugrunde:
- Einleitung als zumeist realistischer Beginn
- Hauptteil mit der eigentlichen Lügengeschichte
- Schluss mit der Rückkehr in die Realität

❺ **Kennst du weitere Münchhausen-Geschichten?**
- Eine Reise im Bauch eines großen Fisches
- Ein Seeungeheuer verschluckt ein ganzes Segelboot
- Ein „halbes" Pferd trinkt Unmengen Wasser
- Der Ritt auf einer Kanonenkugel
- Die kuriose Fuchsjagd

Reise nach Russland und St. Petersburg
(Gottfried August Bürger)

Ich trat meine Reise nach Russland von Haus ab mitten im Winter an, weil ich ganz richtig schloss, dass Frost und Schnee die Wege durch die nördlichen Gegenden von Deutschland, Polen, Kur- und Livland, welche nach der Beschreibung aller Reisenden fast noch elender sind als die Wege nach dem Tempel der Tugend, endlich, ohne besondere Kosten hochpreislicher, wohlfürsorgender Landesregierungen, ausbessern müsste. Ich reiste zu Pferde, welches, wenn es sonst nur gut um Gaul und Reiter steht, die bequemste Art zu reisen ist. Denn man riskiert alsdann weder mit irgendeinem höflichen deutschen Postmeister eine Affaire d'honneur zu bekommen, noch von seinem durstigen Postillion vor jede Schenke geschleppt zu werden. Ich war nur leicht bekleidet, welches ich ziemlich übel empfand, je weiter ich gegen Nordost hin kam.

Nun kann man sich einbilden, wie bei so strengem Wetter, unter dem raschesten Himmelsstriche, einem armen, alten Manne zumute sein musste, der in Polen auf einem öden Anger, über den der Nordost hinschnitt, hilflos und schaudernd dalag und kaum hatte, womit er seine Schamblöße bedecken konnte. Der arme Teufel dauerte mir von ganzer Seele. Ob mir gleich selbst das Herz im Leibe fror, so warf ich dennoch meinen Reisemantel über ihn her. Plötzlich erscholl eine Stimme vom Himmel, die dieses Liebeswerk ganz ausnehmend herausstrich und mir zurief: „Hol mich der Teufel, mein Sohn, das soll dir nicht unvergolten bleiben!"

Ich ließ das gut sein und ritt weiter, bis Nacht und Dunkelheit mich überfielen. Nirgends war ein Dorf zu hören noch zu sehen. Das ganze Land lag unter Schnee, und ich wusste weder Weg noch Steg.

Des Reitens müde, stieg ich endlich ab und band mein Pferd an eine Art von spitzem Baumstaken, der über dem Schnee hervorragte. Zur Sicherheit nahm ich meine Pistolen unter den Arm, legte mich nicht weit davon in den Schnee nieder und tat ein so gesundes Schläfchen, dass mir die Augen nicht eher wieder aufgingen, als bis es heller lichter Tag war. Wie groß war aber mein Erstaunen, als ich fand, dass ich mitten in einem Dorf auf dem Kirchhofe lag! Mein Pferd war anfänglich nirgends zu sehen, doch hörte ich's bald darauf irgendwo über mir wiehern. Als ich nun emporsah, so wurde ich gewahr, dass es an den Wetterhahn des Kirchturms gebunden war und von da herunterhing. Nun wusste ich sogleich, wie ich dran war. Das Dorf war nämlich die Nacht über ganz zugeschneit gewesen; das Wetter hatte sich auf einmal umgesetzt, ich war im Schlafe nach und nach, so wie der Schnee zusammengeschmolzen war, ganz sanft herabgesunken, und was ich in der Dunkelheit für den Stummel eines Bäumchens, der über dem Schnee hervorragte, gehalten und daran mein Pferd gebunden hatte, das war das Kreuz oder der Wetterhahn des Kirchturmes gewesen.

Ohne mich nun lange zu bedenken, nahm ich eine von meinen Pistolen, schoss nach dem Halfter, kam glücklich auf die Art wieder an mein Pferd und verfolgte meine Reise.

Hierauf ging alles gut, bis ich nach Russland kam, wo es eben nicht Mode ist, des Winters zu Pferde zu reisen. Wie es nun immer meine Maxime ist, mich nach dem Bekannten „ländlich sittlich" zu richten, so nahm ich dort einen kleinen Rennschlitten auf ein einzelnes Pferd und fuhr wohlgemut auf St. Petersburg los. Nun weiß ich nicht mehr recht, ob es in Estland oder in Ingermanland war, so viel aber besinne ich mich noch wohl, es war mitten in einem fürchterlichen Walde, als ich einen entsetzlichen Wolf mit aller Schnelligkeit des gefräßigsten Winterhungers hinter mir ansetzen sah. Er holte mich bald ein, und es war schlechterdings unmöglich, ihm zu entkommen. Mechanisch legte ich mich platt in den Schlitten nieder und ließ mein Pferd zu unserm beiderseitigen Besten ganz allein agieren. Was ich zwar vermutete, aber kaum zu hoffen und zu erwarten wagte, das geschah gleich nachher. Der Wolf bekümmerte sich nicht im Mindesten um meine Wenigkeit, sondern sprang über mich hinweg, fiel wütend auf das Pferd, riss ab und verschlang auf einmal den ganzen Hinterteil des armen Tieres, welches vor Schrecken und Schmerz nur desto schneller lief. Wie ich nun auf die Art selbst so unbemerkt und gut davongekommen war, so erhob ich ganz verstohlen mein Gesicht und nahm mit Entsetzen wahr, dass der Wolf sich beinahe über und über in das Pferd hineingefressen hatte. Kaum aber hatte er sich so hübsch hineingezwänget, so nahm ich mein Tempo wahr und fiel ihm tüchtig mit meiner Peitschenschnur auf das Fell. Solch ein unerwarteter Überfall in diesem Futteral verursachte ihm keinen geringen Schreck. Er strebte mit aller Macht vorwärts, der Leichnam des Pferdes fiel zu Boden, und siehe, an seiner Statt steckte mein Wolf in dem Geschirre. Ich meines Orts hörte nun noch weniger auf zu peitschen, und wir langten in vollem Galopp gesund und wohlbehalten in St. Petersburg an, ganz gegen unsere beiderseitigen respektiven Erwartungen und zu nicht geringem Erstaunen aller Zuschauer.

Baron von Münchhausen im Kreise seiner Zechkumpanen
Gemälde von Adolf Schroedter (1805–1875)

Baron von Münchhausens Ritt auf der Kanonenkugel
Szene aus dem UFA-Film „Münchhausen" (1943) mit Hans Albers

Abenteuer des berühmten Freiherrn
von Münchhausen
Radierung von Martin Distelli (1841)

Der große Schwimmer (Johann Peter Hebel)

Lernziele
- Kennenlernen der anekdotenartigen Lügengeschichte mit ihren zwei Teilen
- Vergleiche mit dem Quellentext
- Herausfinden der Absicht des Autors
- Herausfinden der Pointe der Geschichte
- Transfer in die heutige Zeit mit Lügendichtung in der Werbung und in der Politik
- Wissen um einige Leistungen der Ärmelkanal-Schwimmer

Arbeitsmittel/Medien/Literaturhinweise
- Textblätter (2): Der große Schwimmer
- Textblätter (2): Jeder leidet anders
- Arbeitsblatt mit Lösung
- Folien (Karte; Bild: Schwimmer; Text: „Ärmelkanal-Schwimmerin" gestorben)

Tafelbild/Folien

„Ärmelkanal-Schwimmerin" gestorben

(ap). Die amerikanische Schwimmerin Gertrud Ederle ist am Sonntag im Alter von 98 Jahren verstorben. Ederle wurde 1926 als die erste Frau, die den Ärmelkanal durchschwamm, weltberühmt. Da war sie 20 Jahre alt. Ihre letzten Jahre verbrachte sie in einem Altenheim in der Ortschaft Wyckoff bei New York, wie ihre Familie mitteilte. Nur fünf Männern war vor Ederle die Durchquerung des Ärmelkanals gelungen, und sie war zwei Stunden schneller als der Beste von ihnen. In vierzehneinhalb Stunden legte sie 56 Kilometer zurück. Zwar ist der Ärmelkanal an seiner schmalsten Stelle nur 34 Kilometer breit, starke Wellen trieben Ederle jedoch vom direkten Weg ab. Ihr Rekord blieb 24 Jahre lang ungebrochen. „Die Leute sagten, Frauen könnten den Ärmelkanal nicht schaffen", sagte sie vor zwei Jahren in einem Interview mit der Nachrichtenagentur AP. „Ich habe bewiesen, dass sie es doch können."

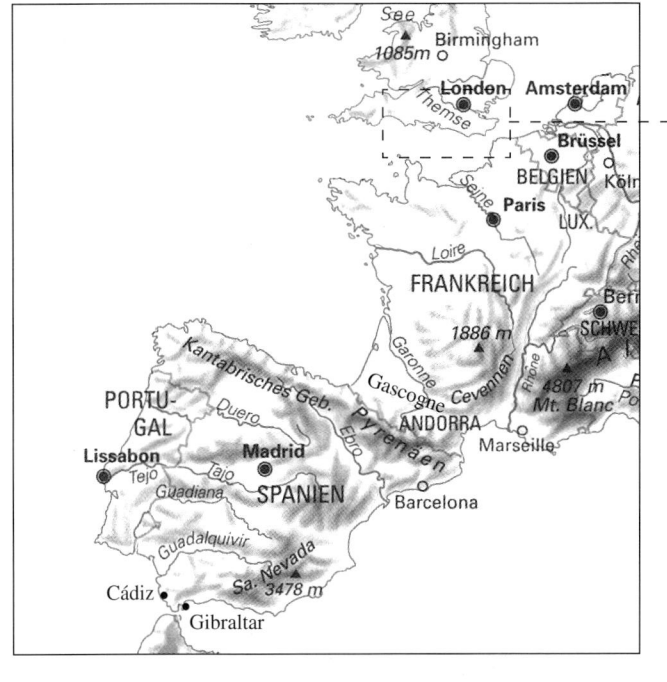
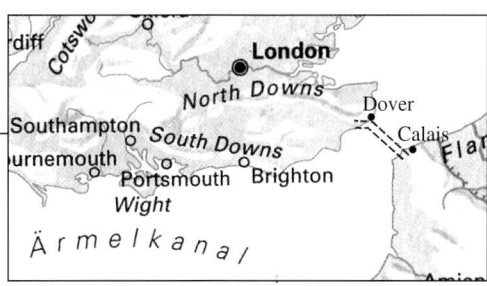

Stundenbild

I. Hinführung

St. Impuls	TA	Ärmelkanal
	Folie	Karte und Kartenausschnitt mit Schwimmer
Aussprache		
St. Impuls	Folie	„Ärmelkanal-Schwimmerin" gestorben
Aussprache		
Zielangabe	TA	*Der große Schwimmer (Johann Peter Hebel)*

II. Darbietung des Textes

	Textblätter 1/2	Der große Schwimmer
L trägt vor		... Dover (Zeile 26)
Aussprache mit Vermutungen		
Schüler lesen zu Ende		

III. Arbeit am Text

		L: Klärung schwieriger Begriffe
Zsf.	TA	Calais = französische Stadt am Ärmelkanal
		Dover = englische Stadt am Ärmelkanal
		Cadix = spanische Stadt am Atlantik
		Gaskonier = Franzose aus der Gascogne
		leidig = unangenehm
		ringer = lieber
		Louisdor = franz. Goldmünze seit Ludwig XIII. (bis 1793)
		Guinea = engl. Goldmünze (bis 1816); 21 Schilling
		Schilling (Shilling) = engl. Silbermünze (bis 1971); 1/20 £
		Affäre = Angelegenheit, Vorfall
Arbeitsaufgaben zur GA	TA	❶ Charakterisiere den großen „Schwimmer".
		❷ Wo liegt die erste Pointe, wo die Schlusspointe?
Gruppenarbeit		
Zsf. Gr.berichte		
		L: Wie unterscheidet sich Hebels Text vom Quellentext?
Erlesen des Quellentextes	Textblatt 2	
Aussprache	TA	Der Quellentext ist stark verkürzt im Vergleich zu Hebels Lügengeschichte, die erheblich humorvoller und mit Pointen versehen formuliert ist.

IV. Wertung

Leitfragen		❶ Wie unterscheidet sich Hebels Text von Bürgers Münchhausiaden?
		❷ „Aufschneiderei" im Märchen?
		• Das tapfere Schneiderlein • Der Hase und der Igel
		❸ „Aufschneiderei" in unserer heutigen Gesellschaft? Aufschneiderei als lügenhafte Übertreibung eigener Möglichkeiten
Aussprache		

V. Sicherung

Zsf.	AB	Der große Schwimmer
Kontrolle	Folie	

VI. Ausweitung

	Textblätter 3/4	Jeder leidet anders
	Textblatt	Was ist eine Anekdote?

Der große Schwimmer
(Johann Peter Hebel)

Vor dem leidigen Krieg, als man noch unangefochten aus Frankreich nach England reisen und in Dover ein Schöpplein trinken oder Zeug kaufen konnte zu einem Westlein, ging wöchentlich zweimal ein großes Postschiff von Calais nach Dover durch die Meerenge und wieder zurück. Denn dort ist das Meer zwischen beiden Ländern nur wenige Meilen breit. Aber man musste kommen, eh das Schiff abfuhr, wenn man mitfahren wollte. Dies schien ein Franzos aus Gaskonien nicht zu wissen, denn er kam eine Viertelstunde zu spät, als man schon die Hühner eintat in Calais, und der Himmel überzog sich mit Wolken. „Soll ich jetzt ein paar Tage hier sitzen bleiben und Maulaffen feilhaben, bis wieder eine Gelegenheit kommt? Nein", dachte er, „ringer, ich gebe einem Schiffsmann ein Zwölfsousstücklein und fahre dem Postschiff nach. Denn ein kleines Boot fährt geschwinder als das schwere Postschiff und holt es wohl ein." Als er aber in dem offenen Fahrzeuge saß, „wenn ich daran gedacht hätte", sagte der Schiffsmann, „so hätt ich ein Spanntuch mitgenommen", denn es fing an zu tröpfeln, aber wie? In kurzer Zeit strömte ein Regenguss aus der hohen Nacht herab, als wenn noch ein Meer von oben mit dem Meer von unten sich vermählen wollte. Aber der Gaskonier dachte: „Das gibt einen Spaß." – „Gottlob", sagte endlich der Schiffsmann, „ich sehe das Postschiff." Als er nun an demselben angelegt hatte, und der Gaskonier war hinaufgeklettert und kam mitten in der Nacht und mitten im Meer auf einmal durch das Türlein hinein zu der Reisegesellschaft, die im Schiff saß, wunderte sich jeder, wo er herkomme, so spät, so allein und so nass. Denn in einem solchen Meerschiff sitzt man wie in einem Keller und hört vor dem Gespräch der Gesellschaft, vor dem Geschrei der Schiffsleute, vor dem Getöse, vor dem Rauschen der Segel und Brausen der Wellen nicht, was draußen vorgeht, und keinem dachte das Herz daran, dass es regnete. „Ihr seht ja aus", sagte einer, „als wenn Ihr wäret gekielholt, das heißt unter dem Schiff durchgezogen worden." – „So? Meint Ihr", sagte der Gaskonier, „man könnte trocken schwimmen? Wenn das noch einer erfindet, so will ich's auch lernen, denn ich bin der Bote von Oleron und schwimme alle Montage mit Briefen und Bestellungen nach dem festen Lande, weil's geschwinder geht. Aber jetzt hab ich etwas in England zu verrichten. Wenn's erlaubt ist", fuhr er fort, „so will ich nun vollends mitfahren, weil ich Euch glücklicherweise angetroffen habe. Es kann den Sternen nach nimmer weit sein nach Dover." – „Landsmann", sagte einer und stieß eine Wolke von Tabaksrauch aus dem Mund (es war aber kein Landsmann, sondern ein Engländer), „wenn Ihr von Calais bis hierher geschwommen seid durch das Meer, so seid Ihr noch über dem schwarzen Schwimmer in London." – „Ich gehe keinem aus dem Weg", sagte der Gaskonier. – „Wollt Ihr's mit ihm versuchen", erwiderte der Engländer, „wenn ich hundert Louisdor auf Euch setze?" Der Gaskonier sagte: „Mir an!" Reiche Engländer haben im Brauch, auf Leute, die sich in einer körperlichen Kunst hervortun, große Summen untereinander zu verwetten. Deswegen nahm der Engländer im Schiff den Gaskonier auf seine Kosten mit sich nach London und hielt ihm gut zu mit Essen und Trinken, dass er bei guten Kräften bliebe. „Mylord", sagte er in London zu einem guten Freund, „ich habe einen Schwimmer mitgebracht vom Meer. Gilt's hundert Guineen, er schwimmt besser als Euer Mohr?" Der gute Freund sagte: „Es gilt!" Den andern Tag erschienen beide mit ihren Schwimmern auf einem bestimmten Platz an dem Themsefluss, und viel hundert neugierige Menschen hatten sich versammelt und wetteten noch extra, der eine auf den Mohr, der andere auf den Gaskonier, einen Schilling, sechs Schilling; eine, zwei, fünf, zehn, zwanzig Guineen, und der Mohr schlug den Gaskonier nicht hoch an. Als sich aber beide schon ausgekleidet hatten, band sich der Gaskonier mit einem ledernen Riemen noch ein Kistlein an den Leib und sagte nicht warum, als wenn's so sein müsste. Der Mohr sagte: „Wie kommt Ihr mir vor? Habt Ihr so etwas dem großen Springer abgelernt, der Bleikugeln an die Füße binden musste, wenn er einen Hasen fangen wollte, damit er den Hasen nicht übersprang?" Der Gaskonier öffnete das Kistlein und sagte: „Ich habe nur eine Flasche Wein darin, ein paar Knackwürste und ein Laiblein Brot. Ich wollte Euch eben fragen, wo Ihr Eure Lebensmittel habt. Denn ich schwimme jetzt geraden Wegs den Themsefluss hinab in die Nordsee und durch den Kanal ins Atlantische Meer nach Cadix, und wenn's nach mir geht, so kehren wir unterwegs nirgends ein, denn bis Montag, als den sechzehnten muss ich wieder in Oleron sein. Aber in Cadix im Rösslein will ich morgen früh ein gutes Mittagsessen bestellen, dass es fertig ist, bis ihr nachkommt." Der geneigte Leser hätte kaum gedacht, dass er sich auf diese Art aus der Affäre herausziehen würde. Aber der Mohr verlor Hören und Sehen.

„Mit diesem Enterich", sagte er zu seinem Herrn, „kann ich nicht in die Wette schwimmen. Tut, was Ihr wollt", und kleidete sich wieder an. Also war die Wette zu Ende, und der Gaskonier bekam von seinem Engländer, der ihn mitgebracht hatte, eine ansehnliche Belohnung, der Mohr aber wurde von jedermann ausgelacht. Denn ob man wohl merken mochte, dass es von dem Franzosen nur Spiegelfechterei war, so fand doch jedermann Vergnügen an dem kecken Einfall und an dem unerwarteten Ausgang, und er wurde nachher von allen, die auf ihn gewettet hatten, noch vier Wochen lang in allen Wirtshäusern und Bierkneipen freigehalten und bekannte, dass er noch sein Leben lang in keinem Wasser gewesen sei.

Quellentext

Es wollte ein Gaskonier mit dem Paketboot nach England gehen, er kam zu spät in Calais an und musste sich durch einen Schiffernachen nachfahren lassen. Er holte es in ein paar Stunden ein, und da in der Zeit die Nacht eingebrochen war, so kletterte er an Bord in die Höhe, ohne dass man den Nachen, der sich wieder fortmachte, gewahr ward. Es hatte stark geregnet, und der Gaskonier war durch und durch nass. Er ging gerade nach der Kajüte, und als man ihn fragte, wo er herkäme und wie er so nass geworden wäre, so antwortete er: „Was Teufel, soll ich nicht nass geworden sein, da ich von Calais habe nachschwimmen müssen!" Die Passagiere sahen sich einander an! Ein engländischer Herr fragte ihn endlich, ob er denn wirklich ein so außerordentlicher Schwimmer sei und es wahr wäre, was er sagte? „Ja freilich, es ist mir sauer genug geworden, um Sie einzuholen", antwortete der Gaskonier. Er fragte ihn weiter, ob er wohl, wenn sie nach London kämen, mit einem Mohren, den man in ganz Engelland für den größten Schwimmer hielte, und mit dem sein Herr schon große Summen gewonnen hätte, um die Wette schwimmen wollte? „O ja", sagte der Gaskonier, „warum nicht, mir muss keiner gleichkommen." Sie machten darauf hin ihren Handel miteinander richtig, und als sie nach England kamen, so wurde die Wette verabredet. Der Mohr und der Gaskonier erschienen, nebst vielen vornehmen Herren, die auf sie gewettet hatten, am Ufer des Meeres, und sie wollten eben die Kleider ablegen, als der Mohr den Gaskonier immer von der Seite ansah, bei welchem er einen Kasten gewahr wurde und ihn fragte, was er denn mit dem Kasten, den er unter dem Arm hätte, machen sollte? „Mein Freund", antwortete der Gaskonier, „ich habe Lebensmittel darinnen, und ich wollte dich eben fragen, ob du dich nicht auch damit zur Reise versehen hättest; denn ich schwimme gerade nach Gibraltar!" Als der Mohr das hörte, ging er zu seinem Herrn und sagte ihm, er möchte seine Wette nur verloren geben, denn mit dem Kerl möchte der Teufel um die Wette schwimmen."

Jeder leidet anders
In England beginnt die Saison der Kanalschwimmer

DOVER, im Mai 2001. Das Thermometer, das die Wassertemperatur im Hafenbecken misst, zeigt neun Grad Celsius an. Am Strand ist es kaum wärmer, von Nordwesten her weht ein kräftiger Wind. Nach einiger Zeit wünscht man sich an den offenen Kamin eines gut geführten Pubs – und nicht auf den Kies neben der Hafenmole. Doch Alison Streeter ist andere Zumutungen der Elemente gewohnt. „Kommt, Jungs!", ruft die kräftige Frau einer Schar blasser, aber durchtrainierter Gestalten zu und stürzt sich in die salzige Flut. Die Schwimmer tragen normale Badebekleidung, Silikonkappe und Taucherbrille. Nach einer Viertelstunde im Hafenbecken sind alle wieder an Land und ziehen sich rasch wärmende Sachen über. „Die Badesaison ist eröffnet", sagt Alison Streeter in bester Stimmung. „Kommen Sie, wie wäre es mit einer Tasse Tee?"

In Großbritannien wird Alison Streeter „Channel Champion" und „Queen of the Channel" genannt. In der Geschichte des Langstreckenschwimmens ist die 36 Jahre alte Britin eine Ausnahmeerscheinung: Nicht weniger als 39-mal hat sie in den vergangenen zwei Jahrzehnten die Wasserstraße zwischen England und dem europäischen Festland ohne Hilfsmittel durchquert. Erstmals meisterte sie die Strecke zwei Tage nach ihrem 18. Geburtstag im Spätsommer 1982. Weil tagsüber ein starker Wind die Wellen hatte höher werden lassen, war sie erst abends losgeschwommen. „Über meine Schulter sah ich immer die hellen Lichter des Fährhafens, und ich hatte das Gefühl, gar nicht voranzukommen", erinnert sich Alison an diese Nacht im Kanal. „Aber die Lichter auf der französischen Seite waren sehr ermutigend." Bei drei späteren Versuchen ist sie auf der gegenüberliegenden Seite an Land gegangen und sofort wieder zurückgeschwommen.

Die Chronik ihrer Höchstleistungen und Rekorde ist lang. Im August 1990 absolvierte Alison Streeter drei Durchquerungen hintereinander: Ohne ausruhen zu können, war sie 34 Stunden und 40 Minuten im Wasser. Im Sommer 1997 schwamm sie nicht nur durch das Meer zwischen England und Frankreich, sondern auch von Schottland nach Irland und – durch den Bristolkanal – von Wales nach England. Ihre persönliche Bestzeit für die Straße von Dover beträgt derzeit acht Stunden und 48 Minuten.

Die in der südenglischen Grafschaft Surrey geborene Extremschwimmerin wohnt im Zentrum von Dover. Genutzt wird das Appartement meist nur am Wochenende, denn von Montag bis Freitag arbeitet Alison Streeter als Devisenhändlerin in der Londoner City. An diesem Samstag ist ihre Wohnung Treffpunkt für einige Marathonschwimmer, die seit dem vorangegangenen Herbst in Hallenbädern trainiert haben und jetzt im Mai mit der Akklimatisierung im Meer beginnen. Sie sammeln sich auf der Sitzgruppe um den elektrischen Kamin und trinken Tee. Das Zimmer ist vollgestopft mit Pokalen, Medaillen, Landkarten und Delphinen. Neben dem Audioturm und über dem Esstisch hängen Bilder der grauen Meeressäuger; ihre dynamischen Körper zieren Teller und Tassen. Dazwischen befindet sich ein Foto, das die Königin des Ärmelkanals neben der Königin von Großbritannien und Nordirland zeigt. „Das Bild entstand in dem Jahr nach der dreifachen Kanaldurchquerung", berichtet Alison feierlich. „Damals hat mich die Queen in den Orden des Britischen Empire aufgenommen."

Die Meeresenge, die zwischen dem Shakespeare Beach von Dover und dem französischen Cap Gris Nez etwa 35 Kilometer misst, gilt als „der Everest des Langstreckenschwimmens": Die Wassertemperaturen sind hier unangenehm niedrig, die Strömungsverhältnisse extrem schwierig; das Wetter ist oft unbeständig und der Schiffsverkehr dicht. Wer den Atlantik-Ausleger zwischen Britannien und dem Rest Europas mit eigener Muskelkraft überwinden will, braucht einen eisernen Willen, ein ausdauerndes Training und noch mehr Leidensbereitschaft. Jeder der Schwimmer, die sich bei Alison Streeter eingefunden haben, kennt die Strapazen: Sie wollen bewusst an die Grenzen ihrer Leistungsfähigkeit gehen, sie proben die Selbstüberwindung und suchen die sportliche Herausforderung. „Uns Engländer hat es schon immer an die Pole, auf die Berge oder in den Kanal gezogen", sagt einer von ihnen. „Uns hat die Krankheit ins Meer getrieben", wirft die Älteste der Runde ein. „Als Kind hatte Alison ein übles Asthma, und die Bewegung im Wasser erwies sich bei ihr als hilfreich."

Seit drei Jahrzehnten ist Freda Streeter dabei, wenn ihre Tochter in Hallenbädern, Hafenbecken und Meeresarmen endlose Bahnen zieht. Mit stoischer Ruhe und unverwüstlichem Humor hat sie selbst Dutzende Schwimmer trainiert und später während der Meeresdurchquerung auf dem Bootsdeck gestanden.

Das Wort dieser Frau hat Gewicht. Sie kann einschätzen, ob jemand genügend Muskeln und Fettschichten aufgebaut hat, um den Weg nach Frankreich zu wagen. Freda Streeter musste Schwimmer mit Muskelkrämpfen aus dem Meer ziehen und erlebte, wie die höflichsten ihrer Schützlinge nach einigen Kilometern im Wasser nur noch Flüche ausstießen. „Wenn die Unterkühlung erst einsetzt, verändern sich die Leute radikal", sagt sie. „Daher ist es wichtig, dass das Begleitboot alles unter Kontrolle hat und an Deck verantwortungsbewusst Entscheidungen getroffen werden."

Die Kälte ist das größte Problem der Schwimmer. Trotz des wärmenden Golfstroms erreicht die Wassertemperatur im Ärmelkanal auch im Sommer nur etwa vierzehn bis achtzehn Grad Celsius. Wie in jedem Jahr wird die Quecksilbersäule auch in den kommenden Monaten allmählich steigen, bis das Meer im August seine angenehmsten Werte erreicht. Das ist die Zeit, auf die sich die Kanalschwimmer vorbereiten. Die Wassertemperaturen sind auch im September erträglich, doch wirkt sich die Abnahme des Tageslichts dann immer ungünstiger aus. Denn die in der Dunkelheit kühlere Luft bewirkt, dass Kopf, Schultern und Arme der Schwimmer schneller an Wärme verlieren. „So viele Faktoren sind bei der Wahl des richtigen Zeitpunkts zu beachten: die Temperatur von Wasser und Luft, außerdem Wind, Wellengang, Gezeitenwechsel sowie die Dauer des Tageslichts", erläutert Freda Streeter. „Es gibt kein optimales Datum, das jedes Jahr gilt. Man muss in jedem Sommer neu entscheiden, an welchem Tag es losgehen soll."

Vor 126 Jahren war es ein Tag in der zweiten Augusthälfte, der besonders günstige Bedingungen für eine Kanaldurchquerung bot. Am 24. August 1875 tauchte ein 27 Jahre alter Engländer am Admirality Pier von Dover ins Meer und erreichte nach 21 Stunden und 45 Minuten in der Nähe von Calais das französische Ufer. Captain Matthew Webb gilt als der erste Sportler, der den Ärmelkanal ohne Hilfsmittel durchschwamm. Danach dauerte es 36 Jahre, bis es ein zweiter Schwimmer schaffte.

Michael Oram, Sekretär der „Channel Swimming & Piloting Federation" steuert seit vielen Jahren Begleitboote über die Meeresenge und ist mit den Annalen des Kanalschwimmens bestens vertraut. Die großen Namen der Zunft nennt er mit respektvollem Unterton: Trudy Ederle, die im Jahr 1926 als erste Frau die Straße von Dover meisterte; Clifford Batts, der bei seiner Meeresdurchquerung 67 Jahre alt war; Chad Hundeby, der nur sieben Stunden und siebzehn Minuten brauchte. Die Chronik des Langstreckenschwimmens verzeichnet auch Kurioses wie „Butlins Kanalrennen" im August 1953: Von den acht Teilnehmern waren zwei gar nicht gestartet, die anderen sechs gaben unterwegs auf. Für den kürzesten Versuch einer Kanaldurchquerung durfte ein Schweizer verantwortlich zeichnen, der schon in knietiefe Wasser den Rückzug ans sichere Ufer antrat.

Tausende haben vergeblich versucht, den Kanal zu durchschwimmen; sogar gestandene Olympioniken sind hier gescheitert. Nach der aktuellen Statistik der „Channel Swimming & Piloting Federation" haben bislang 582 Menschen die Wasserstraße aus eigener Kraft gemeistert, einige von ihnen gleich mehrfach. Die meisten Kanalschwimmer kommen aus Großbritannien und anderen angelsächsischen Ländern. Viel seltener als in England wurde der Ärmelkanal in Frankreich als sportliche Herausforderung verstanden.

Alex Ramsden möchte die Liste der erfolgreichen Kanalschwimmer in diesem Jahr um seinen Namen erweitern. „Ich bin schon immer viel geschwommen", sagte der 27 Jahre alte Chirurg aus Chesham bei London, „und der Kanal war mein Kindheitstraum." Seit vergangenem Herbst hat sich Ramsden nur im Schwimmbad vorbereiten können. Jetzt im Mai ändert er sein Trainingsprogramm. Um sich allmählich an das kältere Salzwasser zu gewöhnen, wird er fortan von Woche zu Woche längere Bahnen im offenen Meer ziehen. Er muss gut 10 Kilogramm zunehmen, denn sein Körper weist noch nicht die für die Wärmeisolation nötigen Fettpolster auf. Irgendwann im August will Alex Ramsden dann unweit der White Cliffs von Dover „in See stechen" – begleitet nur von einem Boot, auf dem ein unabhängiger Beobachter über die Einhaltung des Reglements wacht und für alle Fälle Wolldecken bereit liegen. „Mal sehen, wie es ist, wenn ich erst da draußen bin", sagt er. „Jeder leidet schließlich anders."

Arbeitsblatt: Der große Schwimmer

Der große Schwimmer
(Johann Peter Hebel)

Die 1813 veröffentlichte Lügengeschichte ist ihrer Struktur nach eine Anekdote. Es wird eine historisch datierte Begebenheit erzählt: England erklärt 1803 Frankreich den Krieg, in dessen Verlauf Frankreich 1806 alle Häfen sperrt.

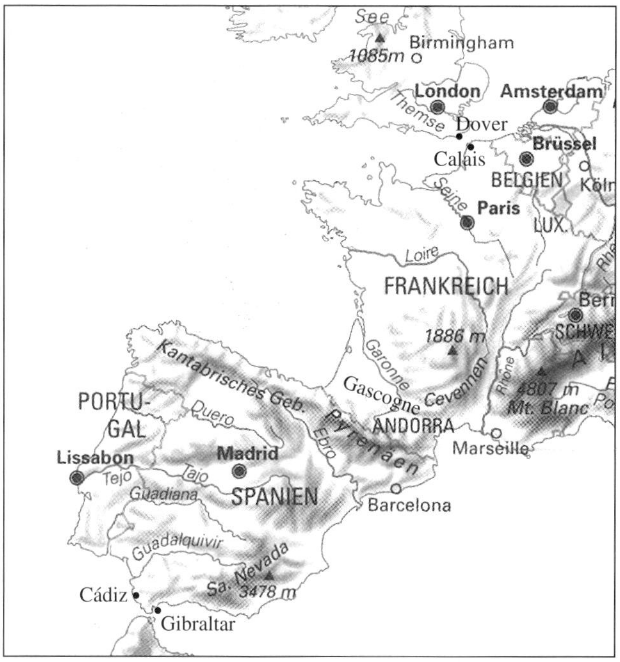

❶ In Hebels Text werden zwei eigenständige Geschichten miteinander verbunden. Welche?

_____
_____
_____
_____
_____
_____

❷ Zeichne in die Karte links die geplante Route des „großen" Schwimmers ein.

❸ Charakterisiere den „großen" Schwimmer.

_____
_____
_____

❹ Was meint Hebel mit seiner Überschrift „Der große Schwimmer"?

_____
_____

❺ Finde die erste Pointe heraus. Was besagt die Schlusspointe?

_____
_____
_____
_____

❻ Wie werden die Engländer charakterisiert?

_____

❼ Wie unterscheidet sich Hebels Text von den Münchhausiaden?

_____
_____

❽ „Aufschneiderei" in unserer Gesellschaft heute – ein fast alltägliches Bild?

_____
_____
_____

| Lösungsblatt: Der große Schwimmer | | |

Der große Schwimmer
(Johann Peter Hebel)

Die 1813 veröffentlichte Lügengeschichte ist ihrer Struktur nach eine Anekdote. Es wird eine historisch datierte Begebenheit erzählt: England erklärt 1803 Frankreich den Krieg, in dessen Verlauf Frankreich 1806 alle Häfen sperrt.

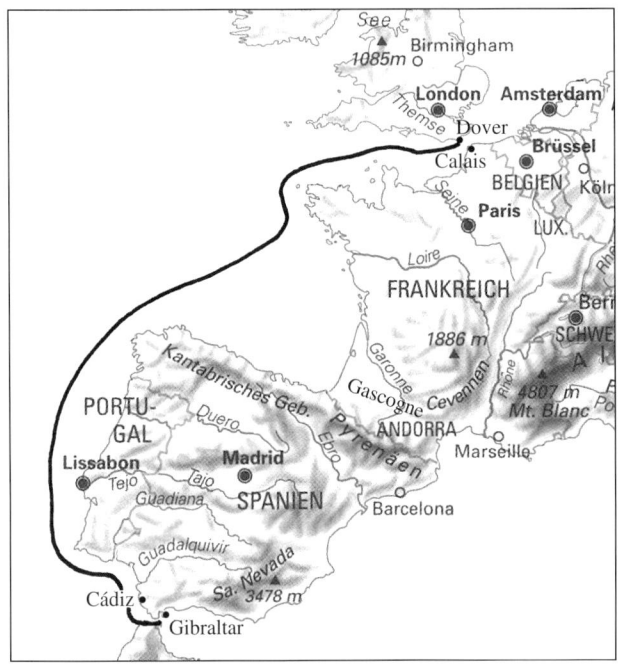

❶ **In Hebels Text werden zwei eigenständige Geschichten miteinander verbunden. Welche?**
• Ein Passagier fährt in einem kleinen Boot bei Regen einem versäumten Schiff nach und behauptet dort an Bord, ein schwimmender Bote zu sein.
• Ein Schwimmer düpiert bei einem Schwimmwettkampf seinen Konkurrenten, indem er sich eine Kiste Proviant umbindet und behauptet, er schwimme von England nach Gibraltar.

❷ **Zeichne in die Karte links die geplante Route des „großen" Schwimmers ein.**

❸ **Charakterisiere den „großen" Schwimmer.**
Der Franzose ist schlagfertig, einfallsreich und ein großer Aufschneider. Seine Redekünste siegen über die Schwimmkünste des Mohren.

❹ **Was meint Hebel mit seiner Überschrift „Der große Schwimmer"?**
Der „große" Schwimmer ist in Wirklichkeit ein „großer" Sprüchemacher. Seine Aufschneiderei ist eine lügenhafte Übertreibung seiner eigenen Möglichkeiten.

❺ **Finde die erste Pointe heraus. Was besagt die Schlusspointe?**
Vom Regen durchnässt, behauptet der Franzose, dem Schiff als Bote nachgeschwommen zu sein. Mit seiner Darstellung wirkt er glaubwürdig. Der Franzose als Nichtschwimmer gewinnt den Wettkampf gegen einen hervorragenden farbigen Schwimmer schon an Land, denn dieser wird mutlos, als der Franzose seine beabsichtigte Schwimmstrecke bekannt gibt.

❻ **Wie werden die Engländer charakterisiert?**
Hebel beschreibt den Engländer als Pfeife rauchenden Gentleman, der gerne wettet.

❼ **Wie unterscheidet sich Hebels Text von den Münchhausiaden?**
In den Münchhausiaden ist der Erzähler meist selbst der „Lügner", während sich bei Hebel zwischen den „Lügner" und den Leser ein Erzähler schiebt, der die Eigenart seiner Hauptfigur kennt und das von Beginn an den Leser merken lässt.

❽ **„Aufschneiderei" in unserer Gesellschaft heute – ein fast alltägliches Bild?**
Viele Menschen geben sich als „Prahlhans", um ihre eigenen Minderwertigkeitskomplexe zu verdecken. Noch verwerflicher sind die gezielt eingesetzten Lügen in der Werbung, in der Politik und in den Massenmedien, denn sie bringen Umsatz, Machtgewinn und Quoten. Der einfache Bürger lernt daraus nur, dass man mit Ehrlichkeit heute nicht mehr so weit kommt.

Der Herr Wunderlich (Johann Peter Hebel)

Lernziele
- Kennenlernen eines Schwanks von Johann Peter Hebel
- Herausfinden der vier Teile des Schwankes mit der Soldatengeschichte als Groteske
- Klärung unbekannter Wörter
- Herausfinden des Schwankmotivs (einfältiger Bauer)
- Herausfinden der Bedeutung der Überschrift und des in Bezug-Setzens zum „erlösenden" Wort
- Kenntnis vom Leben des Verfassers

Arbeitsmittel/Medien/Literaturhinweise
- Textblatt
- Arbeitsblatt mit Lösung
- Tafelbild: einfältiger Bauer
- Folien (Verfasserinformation, Holzschnitte zweier Schwänke)

Tafelbild/Folien
Johann Peter Hebel

Er wurde am 10. Mai 1760 in Basel geboren. Weil seine Eltern als Angestellte eines Basler Patriziers zwischen Basel (im Sommer) und Hausen (im Winter) pendelten, besuchte er ab 1766 die Volksschule in Hausen und ab 1769 die Lateinschule in Schopfheim. In den Sommermonaten war er Schüler der Gemeindeschule in Basel und ab dem Jahre 1772 des dortigen Gymnasiums am Münsterplatz. Im Jahre 1774 wechselte er auf das Gymnasium in Karlsruhe. Sein zweijähriges Theologiestudium begann er 1778 in Erlangen. Danach bereitete er sich auf sein theologisches Examen vor, das er im Jahre 1780 abschloss. Gleich darauf trat er eine Stelle als Hauslehrer und Vikar in Hertingen an und wurde 1783 zum Hilfslehrer am Pädagogium in Lörrach ernannt. 1791 berief man ihn zum Subdiakon ans Karlsruher Gymnasium. Professor für Dogmatik wurde er im Jahre 1798 und er unterrichtete bis 1814 als Gymnasiallehrer vielfältige Unterrichtsfächer. Im Jahre 1819 wurde er Prälat der evangelischen Kirche. Er starb auf einer Dienstreise am 22. September 1826 in Schwetzingen. Seine wichtigsten Werke sind die „Alemannischen Gedichte" und das „Schatzkästlein des Rheinischen Hausfreundes".

Das missverstandene Rezept
(Holzschnitt von Carl Stauber, 1846)

Seltsamer Spazierritt
(Holzschnitt von Carl Stauber, 1846)

Stundenbild

I. Hinführung
St. Impuls	TA	Bild: Bauer
Aussprache		
Impuls		L: Er spielt in der folgenden Geschichte eine wichtige Rolle.
Zielangabe	TA	*Der Herr Wunderlich (Johann Peter Hebel)*

II. Darbietung des Textes
	Textblatt	Der Herr Wunderlich
L trägt vor		
Aussprache		

III. Arbeit am Text
Nochmaliges Lesen		
		L: Klärung schwieriger Begriffe
Zsf.	TA	Perspektiv = kleines Fernrohr
		repetieren = wiederholen
		Palisade = Zaun aus Pfählen
		Feldschlange = mittelalterliche Kanone
		Bajonett = Seitengewehr
		48-Pfünder = große Kanone
		L: In wie viele Abschnitte gliedert sich die Geschichte?
Aussprache		
Zsf.	TA	Vier Abschnitte
		L: Wodurch vergisst der Bauer den Namen seines Kunden?
Aussprache		
		L: Die beiden eingeschobenen Geschichten sind komisch grotesk und animieren zum Lachen. Wodurch?
Aussprache		
		L: Wie wird der Bauer aus seiner Zwangslage „befreit"?
Aussprache		

IV. Wertung
Leitfrage		❶ Wo werden ebenfalls „erlösende" Wörter gebraucht, um einer Zwangslage zu entkommen?
	Folie	
Aussprache		• Alibaba und die 40 Räuber
		• Kalif Storch
Aussprache		
		❷ Warst du schon in einer solchen Zwangslage? Du brauchtest unbedingt ein Wort – und es fiel dir nicht ein!
Aussprache		

V. Sicherung
Zsf.	AB	Der Herr Wunderlich
Kontrolle	Folie	

VI. Ausweitung
	Folie	Verfasserinformation: Johann Peter Hebel
Erlesen		
Aussprache		
	Folien	Zwei Schwänke
Impuls		L: Versuche das Schwankhafte herauszufinden.
Aussprache mit L.info		

Der Herr Wunderlich
(Johann Peter Hebel)

Nicht nur wird die Einfalt von dem Mutwillen irregeführt, oft auch von dem Zufall. Seltener erlöst sie der Zufall wieder aus den Fangstricken des Mutwillens. Wie erging es jenem Bauersmann, der in der Stadt einem Bürger namens Wunderlich einen Wagen voll Holz verkauft hatte, auf dem Marktplatz? „Fahrt jetzt nur dort die Straße hinaus", sagte der Bürger, „bis zum Eisenladen, hernach links in die Gasse, hernach beim ersten Brunnen wieder rechts, hernach beim roten Löwen wieder links. Numero 428 ist mein Haus, Jakob Wunderlich." Und bis so weit gut. Der Bauersmann aber dachte: „Ist's nicht noch früh am Vormittag, hab ich nicht das Holz um einen guten Preis verkauft, will ich nicht zuerst noch ein Schöpplein trinken in der Kneipe da", und repetierte für sich: „Eisenladen – links – rechts – links – Numero 428."

Aber in der Kneipe saßen bei einem Saueressen auch schon ein paar lustige Gesellen, und als sie ihn sahen hereinkommen, stieß einer den andern mit dem Ellenbogen, und der andere fing an, als wenn er fortführe: „Drum muss man's selber gesehen haben", sagte er, „und bei den Russen gewesen sein, wenn man's glauben soll, wo der Mann im mittlern Glied, ich will vom Flügelmann nicht reden, zwanzig Ellen misst, auch weniger. Jeder Finger ist eine Pistole, die Zähne sind Palisaden mit Feldschlangen dazwischen, die Nase ein Bollwerk, die Augen Bombenkugeln. Jedes Barthaar ist ein Bajonett, jedes Haupthaar ein Säbel. Ein solcher Säbel lässt sich auseinander ziehen wie ein Perspektiv, für in die Nähe zu fechten und in die Weite. Verliert ihn einer, so zieht er einen andern aus dem Haar. An den Füßen sind ihnen Schiffe gewachsen, und es ist ihnen einerlei, ob auf dem Wasser oder auf dem Land. Der Mann schultert seinen Achtundvierzigpfünder. Jeder hat sieben Leben. Tötet ihr ihm eins, so hat er noch sechs. Jeder Gemeine hat Majorsrang."

Der geneigte Leser wird an diesem Müsterlein genug haben. Unserm Bauersmann aber verging Hören und Sehen, und so weit war es nicht gut. Denn als er wieder auf die Straße kam, waren ihm vor Staunen und Entsetzen der Eisenladen, die Gasse links, die Gasse rechts und der Herr Wunderlich aus dem Gedächtnis heraus verschwunden, und wen er fragte: „Guter Freund, wisst Ihr mir nicht zu sagen, wo der Herr wohnt, dem ich das Holz verkauft habe, so und so sieht er aus?", der gab ihm keine Antwort oder eine falsche. Der eine sagte: „Am obern Tore Numero 1." Dort sagte ein anderer: „Nein, er ist ausgezogen und wohnt jetzt in der untern Vorstadt Numero 916." Glücklicherweise führte ihn sein Weg nach der untern Vorstadt durch die Schulgasse und einige Schüler standen vor der Türe. „Die Bürschlein", dachte er, „wissen sonst den Bescheid in der Stadt herum am besten, weil sie der Wind aus allen Gassen zusammenweht." „Junger Herr", sagte er zu einem, „wolltet Ihr mir nicht sagen, wo der Herr wohnt, der mir dieses Holz abgekauft hat, und so und so." Der Schüler, ein durchtriebener Kopf, erwiderte: „Guter Freund, ich bin noch nicht in der schwarzen Kunst, ich bin noch in der Philosophie (so hieß die Klasse, worin er saß). Wenn ihr aber", sagte er, „zu dem Herrn in der obern Stube gehen wollt, der das große Buch hat, wo Gribis Grabis darin steht: Tunkus, Blemsum, Schalelei, Ikmack und Norma, der schlagt's euch auf für zwei Schillinge." In der obern Stube legte er zwei Schillinge auf den Tisch. „Herr Magister, ich habe vergessen, wie der Herr heißt und wo er wohnt, dem ich mein Holz verkauft habe. Wolltet ihr nicht so gut sein und es mir aus euerm Gribis Grabisbuch dort sagen." Der Schulherr aber schaute diese Zumutung mit ungemeinem Staunen an, also dass er zuletzt die Brille abhob und den baumwollenen Schlafrock übereinander nahm. „Guter Freund", wollte er sagen, „das ist wohl wunderlich von euch, dass Ihr meint, ich könne euch aus meinen Büchern sagen, was euch im Kopf fehlt." Als er aber angefangen hatte, „guter Freund, das ist wohl wunderlich", fiel ihm der Bauersmann mit freudiger Verwunderung in die Rede. „Ganz richtig", sagte er, „es ist Herr Wunderlich. Sapperment", sagte er, „das heiß ich ins Schwarze getroffen, gleich auf den ersten Schuss und ohne Buch", und entsetzte sich jetzt noch viel mehr über die allwissende Gelehrsamkeit des Schulherrn, als vorher über die fürchterlichen Soldaten in der Kneipe. Der Schulherr aber gab ihm seine zwei Schillinge wieder und ließ ihm hernach durch ein Büblein zeigen, wo der Herr Wunderlich wohnt.

Also hat dem Mann ein lächerlicher Zufall wieder auf die Spur geholfen, von welcher er war abgeleitet worden durch den Mutwillen.

Arbeitsblatt: Der Herr Wunderlich

Der Herr Wunderlich
(Johann Peter Hebel)

Johann Peter Hebel hat diesen Schwank 1814 im Kalender „Der Rheinländische Hausfreund" veröffentlicht.

❶ **Der Text lässt sich in vier Episoden gliedern. In welche?**

① _____
② _____
③ _____
④ _____

❷ **Was ist das Schwankmotiv?**

_____

❸ **Wie endet der Schwank?**

_____
_____

❹ **Was bedeuten folgende Wörter?**

- repetieren _____ • Bajonett _____
- Palisade _____   • 48-Pfünder _____
- Feldschlange _____ • sapperment _____

❺ **Wie kommt es, dass der Bauer den Namen seines Käufers vergisst?**

_____
_____

❻ **Die Soldatengeschichte ist durch ihre übertreibenden Metaphern komisch grotesk. Inwiefern?**

_____
_____
_____

❼ **Die Zaubergeschichte des Schülers animiert zum Lachen. Warum?**

_____
_____

❽ **Auf welche Weise findet der Bauer den Namen seines Käufers wieder?**

_____
_____

❾ **Die beiden Märchen links benötigen ebenfalls „erlösende" Wörter. Welche? Wie heißen die Märchen?**

_____
_____
_____

Lösungsblatt: Der Herr Wunderlich

Der Herr Wunderlich
(Johann Peter Hebel)

Johann Peter Hebel hat diesen Schwank 1814 im Kalender „Der Rheinländische Hausfreund" veröffentlicht.

❶ **Der Text lässt sich in vier Episoden gliedern. In welche?**
① Der Verkauf des Holzes
② Der Aufenthalt im Wirtshaus mit der Soldatengeschichte
③ Die vergebliche Suche mit der Schülergeschichte
④ Das Gespräch mit dem Lehrer

❷ **Was ist das Schwankmotiv?**
Das Schwankmotiv ist der einfältige Bauer.

❸ **Wie endet der Schwank?**
Durch eine glückliche Wendung erleidet der einfältige Bauer keinen Schaden, sondern wird aus seiner Zwangslage „erlöst".

❹ **Was bedeuten folgende Wörter?**
- repetieren — wiederholen
- Palisade — Zaun aus Pfählen
- Feldschlange — mittelalterliche Kanone
- Bajonett — Seitengewehr
- 48-Pfünder — große Kanone
- sapperment — Ausruf des Erstaunens

❺ **Wie kommt es, dass der Bauer den Namen seines Käufers vergisst?**
Der Bauer kommt, etwas alkoholisiert, nicht so ohne weiteres aus der Soldatengeschichte heraus, denn sie hat viele wunderliche Ereignisse.

❻ **Die Soldatengeschichte ist durch ihre übertreibenden Metaphern komisch grotesk. Inwiefern?**
Soldaten sind 20 Ellen (1 Elle als altes Längenmaß: 50 bis 80 cm), also ca. 15 m groß; die Zähne sind Pallisaden; die Nase ist ein Bollwerk; die Augen sind Bombenkugeln; ein Barthaar ist ein Bajonett; ein Haupthaar ein Säbel, mit dem man kämpfen kann, indem man ihn auseinander zieht

❼ **Die Zaubergeschichte des Schülers animiert zum Lachen. Warum?**
Die eigentümlichen Lautbildungen wie „Gribis Grabis", „Tunkus, Blemsum, Schalelei, Ikmack und Norma", die natürlich willkürlich und unsinnig sind, werden von dem einfältigen Bauern tatsächlich geglaubt.

❽ **Auf welche Weise findet der Bauer den Namen seines Käufers wieder?**
Indem der Lehrer das Verhalten des Bauern „wunderlich" nennt, was soviel wie „seltsam", „eigenartig" heißt, erinnert sich der Bauer wieder an seinen Kunden.

❾ **Die beiden Märchen links benötigen ebenfalls „erlösende" Wörter. Welche? Wie heißen die Märchen?**
Alibaba und die 40 Räuber ⇨ „Sesam, öffne dich"
Kalif Storch ⇨ „Mutabor"

Der Geizhals (Jeremias Gotthelf)

Lernziele
- Kennenlernen des Inhalts des Schwanks
- Herausfinden der dreiteiligen Gliederung des Textes
- Bewertung des Selbstmords
- Wertschätzung der Ausdruckskraft von Gotthelfs Sprache mit ihrer schneidenden Ironie
- Herausfinden von Parallelen zu Menschen heute

Arbeitsmittel / Medien / Literaturhinweise
- Textblatt
- Arbeitsblatt mit Lösung
- Tafelbild: Geiz (Alfred Kubin)
- Folie (Verfasserinformation)

Tafelbild/Folien

Jeremias Gotthelf ...

... war das Pseudonym des Schriftstellers und Pfarrers Albert Bitzius, der am 4. Oktober 1797 in Murten im Kanton Freiburg geboren wurde. Er starb am 22. Oktober 1854 in Lützelflüh im Kanton Bern.

Sein Vater war deutscher Pfarrer im Landstädtchen Murten, ab 1805 dann im Bauerndorf Utzenstorf. Hier lernte Albert die bäuerliche Welt des Emmentals kennen. Er besuchte das Gymnasium in Bern und studierte dann auf der dortigen Universität Theologie. Nach einem Vikariat bei seinem Vater setzte er das Studium ab 1821 in Göttingen fort. Es folgten Vikariate in Herzogenbuchsee und an der Heilig Geistkirche in Bern, bis er 1832 die Pfarrei Lützelflüh im Emmental erhielt. Schon bald setzte er sich für die Durchsetzung der allgemeinen Schulpflicht ein. Er kämpfte gegen die Ausbeutung der Kinder aus armen Familien als billige Arbeitskräfte und er verlangte Maßnahmen gegen den Alkoholismus.

1833 heiratete er Henriette Zeender. Zusammen hatten sie drei Kinder: Henriette, Albert und Cecile. Der Sohn wurde später ebenfalls Pfarrer und setzte in vielen Bereichen die Bemühungen des Vaters für eine Sozialreform im Kanton Bern fort.

1835 wurde Bitzius zum Schulinspektor für die 18 Schulen der Gemeinden Lützelflüh, Rüegsau, Hasle und Oberburg gewählt. Nach zehn Jahren wurde er aus diesem Amt wegen politischer Differenzen mit der Regierung entlassen. Ebenfalls 1835 war er maßgeblich an der Gründung der Armenerziehungsanstalt Trachselwald beteiligt. Bis zu seinem Tod setzte er sich dafür ein. In der Schrift „Die Armennot" (1840 erschienen) verarbeitete er die gemachten Erfahrungen. Zunehmend engagierte er sich auch politisch und kritisierte die herrschenden Berner Familien, die sich seiner Ansicht nach zu wenig um die sozial Schwachen kümmerten.

1836 begann er mit der Schriftstellerei. Der Roman „Der Bauernspiegel" war sein erstes Werk unter dem Pseudonym Jeremias Gotthelf. Seine Romane spiegeln in einem zum Teil erschreckenden Realismus das bäuerliche Leben im 19. Jahrhundert. Mit wenigen starken, wuchtigen Worten konnte er Menschen und Landschaften beschreiben. Gotthelf verstand es wie kaum ein anderer Schriftsteller seiner Zeit die christlichen und die humanistischen Forderungen in seinem Werk zu verarbeiten. Herausragend in seinem Schaffen ist die Novelle „Die schwarze Spinne" (1843), in der er alte Sagen zu einer gleichnishaften Erzählung über die Pest verarbeitete. Eingebettet in eine fast liebliche Rahmenerzählung, wird die Geschichte eines Handels mit dem Teufel berichtet. Zuerst kaum beachtet, so gilt diese Erzählung heute als eines der Meisterwerke des deutschen Biedermeiers.

Stundenbild

I. Hinführung
St. Impuls	TA	Bild: Der Geiz (A. Kubin)
Aussprache		
Impuls		L: Um Geiz geht es in der folgenden Geschichte.
Zielangabe	TA	*Der Geizhals (Jeremias Gotthelf)*
Vermutungen		

II. Darbietung des Textes
	Textblatt	Der Geizhals
L trägt vor		
Aussprache		

III. Arbeit am Text
Nochmaliges Lesen

L: In wie viele Abschnitte gliedert sich die Geschichte?

Aussprache
Zsf.   TA   Drei Abschnitte
- Todesnachricht durch den Arzt
- Genesung
- Selbstmord

L: Inwiefern sind die Reaktionen des Geizhalses für uns widersinnig?

Aussprache
Zsf.   TA   Nachricht vom bevorstehenden Tod ⇨ kalt, gelassen, ruhig
Nachricht von der Gesundung ⇨ erschrickt, Gesicht verzerrt

L: Was will Gotthelf mit seinem Schwank aussagen?

Aussprache
Zsf.   Der wirklich böse Mensch lässt sich kaum oder gar nicht durch gute Taten oder Ereignisse beeinflussen.

L: Beurteile die Sprache Gotthelfs.

Aussprache
Zsf.   TA   Schneidende Ironie
Schüler suchen Textbezüge

IV. Wertung
Leitfragen

❶ Versuche die Person des Geizhalses zu charakterisieren. Bewerte den Selbstmord.
❷ Wie unterscheidet sich diese Geschichte von den sonst üblichen Schwänken?

Ergebnis
  Grundtenor: Grimmiger Ernst
❸ Geiz heute? Weißt du Geschichten, die mit Geiz zu tun haben? Warst du selbst auch einmal betroffen?

Aussprache

V. Sicherung
Zsf.	AB	Der Geizhals
Kontrolle	Folie	

VI. Ausweitung
	Folie	Verfasserinformation: Jeremias Gotthelf
Erlesen		
Aussprache		

Der Geizhals
(Jeremias Gotthelf)

Ein Geizhals war schwer erkrankt, lag einsam für sich alleine und, wie er sich um niemand bekümmert hatte, so kümmerte sich auch niemand viel um ihn. Als der Arzt ihn eines Tages besuchte, fragte ihn der Geizhals auf sein Gewissen um seinen Zustand, ob Rettung möglich sei oder keine, und ob es noch lange gehen könne. So gefragt, rückte der Arzt offen mit der Sprache heraus und sagte ihm, dass menschlichem Ansehen nach für ihn durchaus keine Rettung sei, dass er höchstwahrscheinlich morgen um diese Zeit eine Leiche sein werde. Dieses Urteil erschreckte den Kranken durchaus nicht; gelassen sah er den Arzt von hinnen ziehen. Sobald derselbe hinaus war, kroch er mühselig aus dem Bette, kroch zu seinem Schreibtisch, nahm ein Päcklein aus demselben, welches aus Kassenscheinen im Wert von hunderttausend Talern bestand, legte dasselbe sachte aufs glimmende Kaminfeuer, setzte sich in den dabeistehenden Armstuhl und sah mit dem innigsten Behagen zu, wie es zu glimmen begann, die Funken hin- und herschossen, die Flamme auflöderte und wieder zusammensank, die einzelnen Scheine sich krümmten, schwarz wurden, in Asche zerfielen oder das Kamin aufflogen, und sein Behagen stieg von Schein zu Schein, bis das Häufchen verglommen war. Dann kroch er wieder zu Bette und legte sich zum Sterben hin, jetzt hatte er sein letztes Werk vollbracht, sein Zeitliches bestellt, sein Testament gemacht, und weil er keinem Menschen etwas gönnte, so hatte er die Flammen zu seinem Haupterben gemacht.

So lag er im Bette, ward bewusstlos, und als ihm, er wusste nicht wie, seine Augen aufgingen, meinte er, jetzt werde er endlich sehen, wie es im Himmel sei. Aber der Himmel sah akkurat aus wie sein altes Zimmer, und als er den genau ansah, den er anfänglich für unsern Herrgott genommen, da war es der wohl bekannte Arzt. Der hatte mit Staunen ihn betrachtet, ihm den Puls gefühlt und sagte endlich: „Herr, was bei Menschen nicht möglich war, das hat wieder Gott getan; ein wundertätiger Schlaf hat sich eingestellt, ihr seid gerettet." Es war das wohltätige Gefühl, sein Werk vollbracht, alle Menschen betrogen zu haben, auch seine nächsten Verwandten, was eine wohltätige Krisis herbeigeführt, ihn gerettet hatte. Aber was er für Augen machte, als der Arzt so sprach, wie er glotzte, wie er stierte! Der Arzt meinte, der Schlaf komme wieder und werde noch länger dauern, er entschuldigte sich daher, dass er ihn geweckt, er solle sich nur stillhalten, fortschlafen, er sei gerettet; und somit ging er hinaus mit bedenklichem Gesichte, erwägend, was es eigentlich heiße, wenn ein Arzt sage, der sei gerettet, und der werde sterben, ob man das je könne, je dürfe, je solle.

Am andern Morgen polterte er etwas sorglos die finstre Treppe hinauf, sah gleich nach dem Bette hin, das war leer, sah im Zimmer herum, das war leer. Am Fensterhaken hing etwas, aber dort pflegten gewöhnlich die Kleider zu hängen. Doch als der Arzt den Schaden nun sah, hing am Haken der Alte selbst. Der hatte seine Genesung nicht überleben wollen, der hatte es nicht übers Herz bringen können, dass er alle habe betrügen wollen, aber am Ende sich allein betrogen. Sein Leben, das nur zu seinem eigenen Betruge gedient, das warf er dem Gelde nach, um welches er andere betrogen.

Alfred Kubin: Geiz © VG Bild-Kunst, Bonn 2005
(Federlithographie, 1914)

Arbeitsblatt: Der Geizhals

Der Geizhals
(Jeremias Gotthelf)

Der vorliegende Schwank unterscheidet sich von anderen Schwänken durch seinen grimmigen Ernst, mit dem seine lehrhafte Absicht verdeutlicht wird. An die ursprüngliche Gattung erinnern nur noch die komischen, bisweilen grotesken Situationen des Stücks.

❶ **Gib kurz den Inhalt des Textes wieder.**
_____
_____
_____
_____
_____

❷ **Der Text gliedert sich in drei Abschnitte:**

① _____ :
_____

② _____ :
_____

③ _____ :
_____

❸ **Finde die widersinnigen Reaktionen des Geizhalses heraus.**
_____
_____

❹ **Charakterisiere die Person des Geizhalses.**
_____
_____

❺ **Wo bedient sich Gotthelf in seiner Sprache schneidender Ironie?**
_____
_____
_____

❻ **Welche Aussage will Gotthelf mit seinem Text treffen?**
_____
_____
_____
_____

❼ **Geiz heute? Warum sollte man heute nicht geizig sein?**
_____
_____
_____

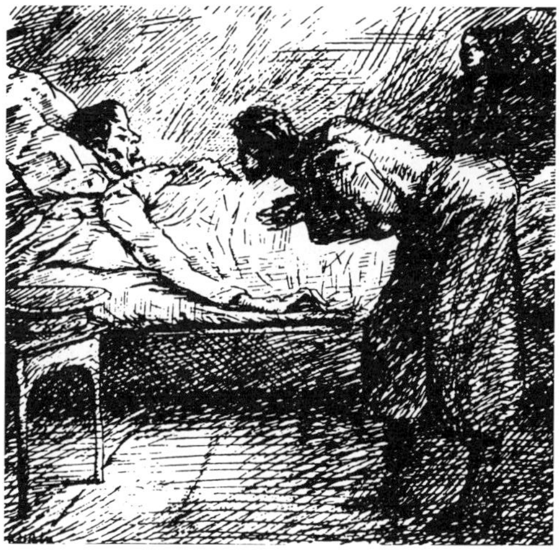

Lösungsblatt: Der Geizhals

Der Geizhals
(Jeremias Gotthelf)

Der vorliegende Schwank unterscheidet sich von anderen Schwänken durch seinen grimmigen Ernst, mit dem seine lehrhafte Absicht verdeutlicht wird. An die ursprüngliche Gattung erinnern nur noch die komischen, bisweilen grotesken Situationen des Stücks.

❶ **Gib kurz den Inhalt des Textes wieder.**
Ein Geizhals hat laut Aussage seines Arztes nur noch einen Tag zu leben. Daraufhin verbrennt er sein gesamtes Vermögen, da er dieses niemandem gönnt. Als der Arzt dem Geizigen am anderen Morgen verkündet, dass er geheilt sei, bringt er sich aus Gram selbst um, weil er sein ganzes Vermögen vernichtet hat.

❷ **Der Text gliedert sich in drei Abschnitte:**

① Todesnachricht:
Der Arzt eröffnet dem Geizhals, dass er nur noch einen Tag zu leben habe.

② Genesung:
Der Arzt stellt überrascht fest, dass der todgeweihte Patient wieder gesund geworden ist.

③ Selbstmord:
Der Arzt findet den Patienten tot auf. Der betrogene Betrüger hat sich selbst umgebracht.

❸ **Finde die widersinnigen Reaktionen des Geizhalses heraus.**
Bei der Todesnachricht bleibt der Geizige gelassen und ruhig. Als der Arzt aber die Nachricht von seiner Gesundung bringt, verzerrt sich sein Gesicht. Er erschrickt und freut sich nicht.

❹ **Charakterisiere die Person des Geizhalses.**
Der Geizhals ist ein völlig böser Mensch, der keinem etwas gegönnt hat und der auch an der vermeintlich letzten schlechten Tat noch sein größtes Vergnügen findet.

❺ **Wo bedient sich Gotthelf in seiner Sprache schneidender Ironie?**
Gefühlslage des Geizhalses: „wohltätiges Gefühl", alle Menschen betrogen zu haben; „wohltätige Krisis", die ihn rettet; „tierische Fratze", „glotzte", „stierte"; „sein letztes Werk vollbracht"; „sein Testament gemacht"; „mit innigstem Behagen"

❻ **Welche Aussage will Gotthelf mit seinem Text treffen?**
Weder der bevorstehende Tod noch ein neu geschenktes Leben vermögen böse Menschen zu ändern. Sie finden an Materiellem und an schlechten Taten Vergnügen und Befriedigung. Fehlt diese Basis, hat das Leben für den vollkommen bösen Menschen keinen Sinn mehr.

❼ **Geiz heute? Warum sollte man heute nicht geizig sein?**
Fast überall, da man den anderen weniger oder gar nichts gönnt. Viele Menschen (Bedürftige, Hungernde, Alte, Kranke, Arbeitslose) brauchen unsere finanzielle Hilfe.

Weit gereist (Catharina Bachem-Tonger)

Lernziele
- Kennenlernen des Inhalts der Anekdote
- Kenntnis der Lebensstationen Jochens
- Charakteristik der Hauptperson in ihrem zeitlichen und gesellschaftlichen Umfeld
- Herausfinden und Bewerten der Pointe
- Wissen um die Aussage dieser Anekdote

Arbeitsmittel/Medien/Literaturhinweise
- Textblatt
- Informationsblatt: Anekdote
- Tafelbild
- Folien (Karte mit Reisestationen; Bilder)

Tafelbild/Folien

| 1 Güstrow (Mecklenburg) | 2 Unbenannter Ort (bei Braunschweig) | 3 Waterloo (Belgien) | 4 Gibraltar (Spanien) | 5 Quebec (Kanada) | 6 Portsmouth (England) |

Quebec

Waterloo

Stundenbild

I. Hinführung

St. Impuls	TA	Weit gereist
Aussprache		
Impuls		L: In der folgenden Geschichte geht es um einen Mann, der weite Reisen hinter sich gebracht hat und dem man das nicht zugetraut hätte.
Zielangabe	TA	*Weit gereist (Catharina Bachem-Tonger)*
Vermutungen		

II. Darbietung des Textes

	Textblatt	Weit gereist
L trägt vor		
Aussprache		

III. Arbeit am Text

Nochmaliges Lesen

L: Bringe die Orte, an denen sich der Knecht Jochen aufgehalten hat, in die richtige zeitliche Reihenfolge vom Ausgangs- bis zum Endpunkt.

Partnerarbeit		
Aussprache	TA	• Güstrow (Mecklenburg)
		• Im Braunschweigischen
		• Waterloo (Belgien)
		• Gibraltar (Spanien)
		• Quebec (Kanada)
		• Portsmouth (England)
Zsf.	Folie (Karte)	Reisestationen von Jochen
		L: Eine solche Reise war für Personen niedrigen Standes damals eigentlich kaum erreichbar. Unter welchen Umständen kam die Reise von Jochen zustande?
Ergebnis		Nur möglich als Soldat (in den Wirren der napoleonischen Kriegszeiten)
Zsf.	Folien	Bilder: Quebec-Waterloo (Entscheidungsschlacht am 18. Juni 1815 mit der endgültigen Niederlage Napoleons)

IV. Wertung

Leitfragen		❶ Versuche die Person des Knechts Jochen zu charakterisieren.
Ergebnis	TA	Etwas einfältig, schwerfällig, ruhig, kaum aus der Fassung zu bringen, wenig gesprächsbereit
		❷ Was bedeutet die Reise für Jochen selbst?
Ergebnis	TA	Jochen ist als Soldat das Opfer. Er erlebt auf allen Stationen seiner Reise immer nur Elend, Kampf, Entbehrung und Hunger, also negative Erfahrungen.
		❸ „Reise" kann mehrdeutig sein. Inwiefern? Welche Erwartungen weckt die Überschrift? Pointe?
Ergebnis	TA	• Reise als „Unternehmungsreise" im realen Sinn
		• Reise als „Lebensreise" im symbolischen Sinn
		Räumlich und sozial landet Jochen wieder dort, wo seine Reise begonnen hat.

V. Vertiefung

Nochmaliges Lesen

Weit gereist
(Catharina Bachem-Tonger)

Um das Jahr 1830 ließ sich der Pfarrherr von Güstrow in Mecklenburg von einem Bauernknecht seiner Gemeinde nach Warnemünde fahren, um ein dort liegendes Kriegsschiff zu besichtigen. Unterwegs erzählte er dem Knecht viel von dem wunderbaren Schiff, das größer und gewaltiger sei als alle bisher bekannten.

5 „Och", sagte Jochen, „so 'ne Schiffe hab' ich schon oft gesehen."

„Aber wo denn?", fragte der Pastor etwas ungläubig, denn er war sicher, dass der Knecht sein Leben auf der heimatlichen Scholle zugebracht habe.

„In Portsmouth", lautete die Antwort.

„Wie kamst du denn nach Portsmouth?", fragte der andere ganz verwundert.

10 „Mit dem Regiment, mit dem ich von Quebec kam."

„Quebec? – Das liegt doch in Amerika, denk' ich ...", sagte der Pfarrherr in immer wachsendem Staunen. „Was hast du denn in Quebec gemacht?"

„Gegen die Indianer gekämpft und zwischendurch auch gegen die Amerikaner."

„Aber wie kamst du denn nach Quebec?"

15 „Von Gibraltar her ..."

„In Gibraltar warst du auch?" In das Staunen des Pastors mischte sich etwas wie ehrfurchtsvolle Bewunderung für den weit Gereisten. Was alles hatte dieser wortkarge und etwas einfältig aussehende Knecht gesehen und erlebt! Was konnte der alles erzählen, wenn es gelang, ihn zum Reden zu bringen. Aber es war nicht viel aus ihm herauszuholen.

20 „Nee, schön war's da nicht", knurrte Jochen, dem die Fragerei schon lästig wurde. „Nix als Felsen und Staub und Affen und nix Ordentliches in den Magen. Alle Tage Salzfleisch und trockne Erbsen und Hartbrot."

„Wie kamst du denn nach Gibraltar?", forschte der andere weiter.

„Von Waterloo her."

25 „Bei Waterloo hast du auch mitgekämpft?!"

„Ja, bei den Braunschweigern."

„Du als Mecklenburger bei den Braunschweigern? Wie ging denn das zu?"

Der Knecht kratzte sich verlegen hinter dem Ohr. „Ach, das ist 'ne komische Geschichte. Von zu Haus war ich ausgerissen, weil ich nicht Soldat werden wollte."

Über die Anekdote

Das Wort „Anekdote" geht zurück auf das griechische „an-ek-doton" und bedeutet „das, was nicht herausgegeben wird". Die Anekdote ist also zunächst das Geheime, die Klatschgeschichte, das hinter vorgehaltener Hand Erzählte. Die Form hat in der Folgezeit eine gewisse Bedeutungserweiterung erfahren, der ursprüngliche Kern ist jedoch immer noch zu erkennen: Eine exemplarische Persönlichkeit (oder auch ein entsprechender Vorfall) wird durch eine überscharfe, pointierte sprachliche Äußerung oder Geste charakterisiert.

Ein einziges Ereignis ist Gegenstand der Anekdote, und dieses gipfelt in der Pointe, jenem komplexen Punkt, der alles Wesentliche beinhaltet: die überraschende Wendung, die Lösung der Spannung und zugleich das die Persönlichkeit (oder die Situation) erhellende Schlaglicht.

In der Anekdote finden sich zwar Namen, Orts- und Zeitangaben, auch Hinweise auf nähere Umstände, aber es geht weniger um objektive, historisch richtige Darstellung als vielmehr um gedankenschnelles Erfassen bisher verborgener (oder auch schon bekannter) Zusammenhänge. Jedenfalls ist die Charakterisierung durch die Anekdote nur selten präzise. Zu ihrem Wesen gehört vielmehr die Prägnanz, und so sind alle konkreten Angaben gerade Belege dafür, dass die innere Wahrheit weniger auf der Wirklichkeit als auf der historischen Möglichkeit beruht.

Als stilistisches Mittel verwendet die Anekdote eine knappe, gedrängte, imperfektische Sprache, die zielstrebig auf die witzige Pointe zusteuert. Die Hauptwirkung der Anekdote geht von der Lösung am Schluss aus, auf die der Leser von Anfang an gespannt wird.

Im Gegensatz zu den anderen erzählenden Dichtungsarten gründet sich die Anekdote nicht auf die durchgehende Linie des Vorgangs, sondern auf den Gipfelpunkt. „Roman, Novelle, Anekdote verhalten sich zueinander wie Linie, Strich und Punkt" (Ivo Braak). Die Übergänge zum Witz sind fließend.

Die Anekdote ist jedoch weniger formalistisch, sondern bildhafter, handlungsgebundener, ausführlicher. Sie kann auch betroffenes Schweigen auslösen. Geschliffene Schärfe zeigt die Anekdote in der Gestaltung Kleists. Weiter ausholend und genrehaft sich verbreitend, geht sie bei Hebel in die moralisierende Kalendergeschichte über.

Die Anekdote kann den Schülern zeigen, dass die Charakterisierung einer Person (bzw. einer Begebenheit) nicht auf eine äußere Beschreibung angewiesen ist. Der Verweis auf ein unmittelbares Geschehen ist oft aufschlussreicher. Das darin enthaltene überraschende Moment der Anekdote liefert nur die Voraussetzung für die Erkenntnis, nicht die Erkenntnis selbst. Insofern ist die Anekdote eine anspruchsvolle Form. Die Schüler lernen, von der Handlungsweise eines Menschen – die sie zunächst einmal analysieren müssen – auf den Menschen selbst zu schließen. Die Motivation dafür liefert der Text selbst. Er führt auf unterhaltsame, oft auf witzige Weise zur Pointe und wird schon deshalb gern gelesen. Die Anekdote macht ihren Leser vor allem mit der menschlichen Seite politischer oder kulturgeschichtlich bedeutsamer Persönlichkeiten vertraut und schafft so – etwa im Vergleich zur nüchternen Faktenvermittlung im Lehrbuch – eine eher private Beziehung.

Die Anekdote ist Schülern rasch vertraut. Ihre Struktur muss nur ins Bewusstsein gerufen werden. Als „heiterer Geschehnisbericht" spielt sie in Schülergesprächen über Lehrer, über Mitschüler, über Sport- und Musikprominenz eine wichtige Rolle.

Die ewige Bürde (Johann Gottfried Herder)

Lernziele
- Kennenlernen des Inhalts der Anekdote mit einer eingefügten Parabel
- Herausfinden der vier Sinnabschnitte des Textes
- Wissen um den Charakter der beiden Gegenspieler
- Herausfinden der Bild-Sinn-Beziehungen der Parabel
- Wissen um die Aussage des Verfassers

Arbeitsmittel/Medien/Literaturhinweise
- Textblatt
- Bild für die Tafel (vergrößern)
- Folie (Verfasserinformation)

Tafelbild/Folien

Johann Gottfried Herder

Er wurde am 25. August 1744 in Mohrungen/Ostpreußen geboren und starb am 18. Dezember 1803 in Weimar. Herder als Theologe, Philosoph und Schriftsteller war einer der bedeutendsten und einflussreichsten Denker seiner Zeit. Sein Hauptwerk „Ideen zur Philosophie der Geschichte der Menschheit" (1784 bis 1791) prägte die Epoche des „Sturm und Drang", bereitete die Klassik vor und gab auch noch der Romantik und der idealistischen Geschichtsauffassung des 19. Jahrhunderts Impulse.

Nach dem Besuch einer Lateinschule und knechtischem Schreiberdienst beim Diakon und Erbauungsschriftsteller Trescho studierte Herder 1762 bis 1764 in Königsberg Theologie und Philosophie. Kants Vorlesungen hörte er regelmäßig. Um sich seinen Lebensunterhalt zu verdienen, betätigte er sich in hektischer Vielarbeit. Bis 1769 war er Lehrer, ab 1765 auch Prediger in Riga. Bedrückt von der dortigen bürgerlichen Enge trat er eine längere Reise an, unter anderem auch nach Paris. In Straßburg kam es dann zu den für die deutsche Literatur- und Geistesgeschichte folgenschweren Begegnungen mit Goethe, die den eigentlichen Beginn des „Sturm und Drang" im Straßburger Kreis auslösten. Von 1771 bis 1776 war Herder Konsistorialrat und Hauptprediger, ab 1775 Superintendent in Bückeburg. Goethe vermittelte ihm dann die Stelle des Hofpredigers, Generalsuperintendenten und Oberkonsistorialrates in Weimar. 1801 wurde Herder geadelt und Präsident des Oberkonsistoriums. Missverstanden, kränkelnd und mürrisch lebte er die letzten Jahre in Weimar sehr zurückgezogen.

Einige Gedichte, seine Fragmente „Über die neuere deutsche Literatur" (1767) und seine „Kritischen Wälder" (1769) machten ihn bekannt. Seine „Abhandlung über den Ursprung der Sprache" (1772) wurde von der Berliner Akademie preisgekrönt. Herders populärstes Werk sind die „Volkslieder"-Sammlung (1778/1779), die posthum 1807 unter dem Titel „Stimmen der Völker in Liedern" neu herausgegeben wurde.

Hakkam (Kalif) nimmt einer Witwe Land weg	⇨	**Parabel** Sack Erde (Bild) = geraubtes Land der Witwe (Sinn) ⇩ allzu schweres Gewicht des Sackes (Bild) = Schwere der Schuld als „ewige Bürde" (Sinn)	⇨	Kalif • beugt sich der religiösen Autorität • gibt das Land zurück
Ibn Beschir (Kadi) will der Witwe Recht verschaffen				Kadi • wird vom Kalifen gelobt

Stundenbild

I. Hinführung
St. Impuls	TA	Bild: Orientalische Szene
Aussprache		
Impuls		L: In der folgenden Geschichte spielen die beiden Personen eine wesentliche Rolle.
	TA	Kalif (Hakkam) – Kadi (Ibn Beschir)
		⇩ ⇩
Ergebnis	TA	Herrscher – Richter
Zielangabe	TA	*Die ewige Bürde (Johann Gottfried Herder)*
Vermutungen		

II. Darbietung des Textes
	Textblatt	Die ewige Bürde
L trägt vor		
Aussprache		

III. Arbeit am Text
Nochmaliges Lesen

L: Der Text enthält vier Sinnabschnitte. Welche?

Aussprache
Ergebnis — TA
- Ein schwieriger Rechtsfall
- Die Parabel
- Die Erklärung des Kadi
- Die Einsicht des Kalifen

L: Eine Parabel arbeitet mit einer Bild- und einer Sinnebene. Setze in die Grafik richtig ein.

TA: Bild: *Sack Erde* ⇨ Sinn: *geraubtes Land der Witwe*
⇩
Bild: *Sack zu schwer* ⇨ Sinn: *schwere Schuld (ewige Bürde)*

Zsf. Aussprache — TA

IV. Wertung
Leitfragen

❶ Warum wählt der Kadi die Form der Parabel, um die Rechtssache vorzubringen?
❷ Wie reagiert der Kalif? Wie hätte er auch reagieren können?
❸ Kann man aus dieser Geschichte Parallelen zur Gegenwart ziehen?
❹ Ist es richtig, dass es von der „Einsicht" eines Herrschers abhängt, ob die Bürger eines Staates zu ihrem Recht kommen?

Aussprache

V. Sicherung
Zsf.	AB	Die ewige Bürde
Kontrolle	Folie	

VI. Vertiefung
	Folie	Verfasserinformation: Johann Gottfried Herder
Erlesen		
Aussprache		

Die ewige Bürde
(Johann Gottfried Herder)

Der Kalif Hakkam, der die Pracht liebte, wollte die Gärten seines Palastes verschönern und erweitern. Er kaufte alle benachbarten Ländereien und bezahlte den Eigentümern soviel dafür, als sie verlangten. Nur eine arme Witwe fand sich, die das Erbteil ihrer Väter aus frommer Gewissenhaftigkeit nicht veräußern wollte und alle Anerbietungen, die man ihr deswegen machte, ausschlug. Den Aufseher der königlichen Gebäude verdross der Eigensinn dieser Frau; er nahm ihr das kleine Land mit Gewalt weg, und die arme Witwe kam weinend zum Richter. Ibn Beschir war eben Kadi der Stadt. Er ließ sich den Fall vortragen und fand ihn bedenklich. Denn obschon die Gesetze der Witwe ausdrücklich Recht gaben, so war es doch nicht leicht, einen Fürsten, der gewohnt war, seinen Willen für die vollkommene Gerechtigkeit zu halten, zur freiwilligen Erfüllung eines veralteten Gesetzes zu bewegen. Was tat also der gerechte Kadi? Er sattelte seinen Esel, hing ihm einen großen Sack um den Hals und ritt unverzüglich nach dem Garten des Palastes, wo der Kalif sich eben in dem schönen Gebäude befand, das er auf dem Erbteil der Witwe erbaut hatte. Die Ankunft des Kadi mit seinem Esel und Sack setzte ihn in Verwunderung, und noch mehr erstaunte er, als Ibn Beschir sich ihm zu Füßen warf und also sagte: „Erlaube mir, Herr, dass ich diesen Sack mit Erde von diesem Boden fülle."

Hakkam gab es zu. Als der Sack voll war, bat Ibn Beschir den Kalifen, ihm den Sack auf den Esel zu helfen. Hakkam fand dieses Verlangen noch sonderbarer als alles Vorige; um aber zu sehen, was der Mann vorhabe, griff er mit an. Allein der Sack war nicht zu bewegen, und der Kalif sprach: „Die Bürde ist zu schwer, Kadi, sie ist zu gewichtig." „Herr", antwortete Ibn Beschir mit edler Dreistigkeit, „du findest diese Bürde zu schwer, und sie enthält doch nur einen kleinen Teil der Erde, die du ungerechterweise einer armen Witwe genommen hast. Wie sollst du denn das geraubte Land tragen können, wenn es der Richter der Welt am großen Gerichtstage auf deine Schultern legen wird?"

Der Kalif war betroffen; er lobte die Herzhaftigkeit und Klugheit des Kadi und gab der Witwe das Erbe zurück mit allen Gebäuden, die er darauf hatte anlegen lassen.

Arbeitsblatt: Die ewige Bürde

Die ewige Bürde
(Johann Gottfried Herder)

❶ In welche vier Sinnabschnitte gliedert sich der Text?

① _____
② _____
③ _____
④ _____

❷ Setze in die Lücken die passenden Begriffe ein.

	Parabel	
_____ (Kalif) nimmt einer Witwe _____	_____ (Bild) = _____ (Sinn) ⇩ _____ _____ (Bild) = _____ _____ (Sinn)	**Kalif** • beugt sich der _____ _____ • gibt _____ _____ **Kadi** • wird vom Kalifen _____
_____ (Kadi) will der Witwe _____		

❸ Warum wählt der Kadi die Form einer Parabel, um die Rechtssache vorzubringen?
_____
_____

❹ Wie reagiert der Kalif, als er den Sinn der Parabel versteht?
_____
_____

❺ Die Einsicht des Herrschenden verhilft den Untertanen zu ihrem Recht. Was meinst du zu dieser Aussage?
_____
_____
_____

❻ Wofür plädiert Herder in dieser Anekdote?
_____
_____
_____

| Lösungsblatt: Die ewige Bürde | |

Die ewige Bürde
(Johann Gottfried Herder)

❶ **In welche vier Sinnabschnitte gliedert sich der Text?**

① Ein schwieriger Rechtsfall: Der Kalif eignet sich widerrechtlich das Land einer Witwe an.
② Die Parabel: Verschlüsselung des Unrechts in Bildern
③ Die Erklärung des Kadi: Erinnerung an die göttliche Gerechtigkeit
④ Die Einsicht des Kalifen: Rückgabe des Landes

❷ **Setze in die Lücken die passenden Begriffe ein.**

Hakkam
(Kalif)
nimmt einer Witwe ihr Land weg

Ibn Beschir
(Kadi)
will der Witwe Recht verschaffen

⇨

Parabel

Sack Erde
(Bild)
=
geraubtes Land der Witwe
(Sinn)
⇩
allzu schweres Gewicht des Sackes
(Bild)
=
Schwere der Schuld als „ewige Bürde"
(Sinn)

⇨

Kalif
• beugt sich der religiösen Autorität
• gibt Land wieder zurück

Kadi
• wird vom Kalifen gelobt

❸ **Warum wählt der Kadi die Form einer Parabel, um die Rechtssache vorzubringen?**
Er wagt es nicht, den Kalifen direkt wegen dieser Sache anzusprechen, da er den Unwillen des Herrschers nicht provozieren will.

❹ **Wie reagiert der Kalif, als er den Sinn der Parabel versteht?**
Der Kalif ist „betroffen". Er sieht seine Verpflichtung ein, gemäß dem irdischen und zugleich göttlichen Recht zu handeln.

❺ **Die Einsicht des Herrschenden verhilft den Untertanen zu ihrem Recht. Was meinst du zu dieser Aussage?**
Der Untertan ist der Willkür des Herrschenden ausgeliefert. Es bedarf strikterer rechtsstaatlicher Garantien für die Grenzen der Ausübung von Herrschaft, wie es in einer Demokratie realisiert ist.

❻ **Wofür plädiert Herder in dieser Anekdote?**
Herder fordert ein aufgeklärt-humanistisches Bild des Herrschers, der sich, in der Verantwortung vor Gott, den Rechten jedes Einzelnen seiner Untertanen verpflichtet weiß.

Sonderbarer Rechtsfall in England (Heinrich von Kleist)

Lernziele
- Kennenlernen der Anekdote von Heinrich von Kleist
- Erkennen der Logik der Anekdote und ihrer grundlegenden Voraussetzungen
- Herausfinden, was an diesem Rechtsfall „sonderbar" ist (Pointe)
- Herausfinden von Parallelen zum Film „Die zwölf Geschworenen"
- Wissen um die Merkmale einer Anekdote

Arbeitsmittel/Medien/Literaturhinweise
- Textblatt
- Folie (Film: „Die zwölf Geschworenen")
- Folie (Verfasserinformation)
- Videofilm: „Die zwölf Geschworenen" (Ausschnitt)

Tafelbild/Folien

Heinrich von Kleist
Kleists tragische Dichterexistenz

Kleist wurde am 18. Oktober 1777 in Frankfurt an der Oder geboren. Aus einer alten, unvermögenden Soldatenfamilie stammend, wurde er streng preußisch-protestantisch erzogen und litt als Leutnant im Garderegiment zu Potsdam – in einem ihm aufgezwungenen Beruf – unter Entfremdung. Nach der Quittierung des Dienstes 1799 bemühte er sich – beeinflusst vom bürgerlich-aufklärerischen Erkenntnisstreben –, seine Bildung zu vervollkommnen und studierte Jura, Physik, Mathematik und Philosophie. Die aus der Lektüre Immanuel Kants abgeleitete Erkenntnis, es gebe keine objektive Wahrheit, stürzte ihn in eine tiefe Sinnkrise.

Seine Tätigkeit im preußischen Staatsdienst, die ihm eine finanzielle Absicherung bringen sollte, stieß ihn wegen der schleppenden Bürokratie ab. Kleist sah sein Wirkungsfeld in der Dichtung, u. a. mit den Lustspielen „Amphitryon" (1807) und „Der zerbrochene Krug" (1808), jedoch blieb ihm, der sich in keine der literarischen Richtungen seiner Zeit einordnen ließ, die gewünschte Anerkennung versagt.

Kleist führte ein Außenseiterdasein, seiner eigenen sozialen Schicht entfremdet und ohne neuen Bezugspunkt, geprägt von einer ständigen Suche nach Existenzsicherung, von missglückten Identifikationsversuchen und gescheiterten Hoffnungen.

Der Dichter Heinrich von Kleist beging am 21. November 1811 im Alter von 34 Jahren zusammen mit Henriette Vogel am Wannsee bei Berlin Selbstmord.

Kleists Existenzproblematik schlägt sich in seinen Dichtungen nieder. Seine Dramen und Erzählungen beschreiben eine tiefe Kluft zwischen dem Ich und der Gesellschaft mit ihren feudalen Unterdrückungsmechanismen („Michael Kohlhaas"). Seine Figuren leiden an Fremdbestimmung und missglückten Identifikationen („Penthesilea"). Einzig das Gefühl und der Rückzug auf das eigene Ich scheinen Stütze in dieser chaotischen Welt zu sein („Marquise von O"). Eine Lösung des Konfliktes zwischen Ich und Welt, Wunsch und Realität gestaltet Kleist nur als Utopie, als Traum von einem menschlicheren Preußen („Der Prinz von Homburg") oder als Märchen („Das Käthchen von Heilbronn").

Stundenbild

I. Hinführung

St. Impuls	TA	Sonderbarer Rechtsfall
Aussprache		
Impuls		L: Die folgende Geschichte spielt in England.
Zielangabe	TA	*Sonderbarer Rechtsfall in England (Heinrich von Kleist)*
Vermutungen		

II. Darbietung des Textes

	Textblatt	Sonderbarer Rechtsfall in England
L trägt vor		
Aussprache		

III. Arbeit am Text

Nochmaliges Lesen

L: Was ist an diesem Rechtsfall „sonderbar"?

Aussprache		
Ergebnis	TA	Sonderbares Verhalten des zwölften Geschworenen

L: Inwiefern verhält sich der Edelmann geschickt?

Aussprache

L: Wo liegt die Pointe der Anekdote?

Aussprache		
Ergebnis	TA	Englischer/amerikanischer Rechtsgrundsatz: Schuldig kann ein Angeklagter nur gesprochen werden, wenn alle zwölf Geschworenen einstimmig zu einem Urteil gelangen. Sitzt der Täter unerkannterweise in der Geschworenenschaft, kann er seinen eigenen Schuldspruch verhindern.

IV. Wertung

Leitfragen

❶ Warum begnadigt der König den Edelmann? Was ist sein Motiv?

Aussprache
Ergebnis

Der König hält den Edelmann nicht nur für unschuldig, sondern auch für mutig, tapfer und listig.

❷ Könnte eine solche Geschichte auch in unserer Zeit geschehen? Begründe.

Aussprache

V. Vertiefung

	Folie	Verfasserinformation: Heinrich von Kleist
Erlesen des Textes		
Aussprache		
	Folie	Die zwölf Geschworenen
Erlesen des Textes		
Aussprache		
		L: Vergleiche den Film mit der Anekdote von Kleist.
Aussprache		
	u. U. Videofilm (Ausschnitt)	Die zwölf Geschworenen

Sonderbarer Rechtsfall in England
(Heinrich von Kleist)

Man weiß, dass in England jeder Beklagte zwölf Geschworene von seinem Stande zu Richtern hat, deren Ausspruch einstimmig sein muss und die, damit die Entscheidung sich nicht zu sehr in die Länge verziehe, ohne Essen und Trinken so lange eingeschlossen bleiben, bis sie eines Sinnes sind.

Zwei Gentlemen, die einige Meilen von London lebten, hatten in Gegenwart von Zeugen einen sehr lebhaften Streit miteinander; der eine drohte dem andern und setzte hinzu, dass, ehe vierundzwanzig Stunden vergingen, ihn sein Betragen reuen solle. Gegen Abend wurde dieser Edelmann erschossen gefunden; der Verdacht fiel natürlich auf den, der die Drohungen gegen ihn ausgestoßen hatte. Man brachte ihn zu gefänglicher Haft, das Gericht wurde gehalten, es fanden sich noch mehrere Beweise, und elf Beisitzer verdammten ihn zum Tode. Allein der zwölfte bestand hartnäckig darauf, nicht einzuwilligen, weil er ihn für unschuldig hielte. Seine Kollegen baten ihn, Gründe anzuführen, warum er dies glaubte, allein er ließ sich nicht darauf ein und beharrte bei seiner Meinung. Es war schon spät in der Nacht, und der Hunger plagte die Richter heftig; einer stand endlich auf und meinte, dass es besser sei, einen Schuldigen loszusprechen, als elf Unschuldige verhungern zu lassen. Man fertigte also die Begnadigung aus, führte aber zugleich die Umstände an, die das Gericht dazu gezwungen hätten.

Das ganze Publikum war wider den einzigen Starrkopf; die Sache kam sogleich vor den König, der ihn zu sprechen verlangte. Der Edelmann erschien, und nachdem er sich vom König das Wort hatte geben lassen, dass seine Aufrichtigkeit nicht von nachteiligen Folgen für ihn sein sollte, so erzählte er dem Monarchen, dass, als er im Dunkeln von der Jagd gekommen und sein Gewehr losgeschossen, es unglücklicherweise diesen Edelmann, der hinter einem Busche gestanden, getötet hat. „Da ich", fuhr er fort, „weder Zeugen meiner Tat noch meiner Unschuld hatte, so beschloss ich, Stillschweigen zu beobachten; aber als ich hörte, dass man einen Unschuldigen anklagte, so wandte ich alles an, um einer von den Geschworenen zu werden, fest entschlossen, eher zu verhungern, als den Beklagten umkommen zu lassen." Der König hielt sein Wort, und der Edelmann bekam seine Begnadigung.

„Die zwölf Geschworenen"

Der Geschworene Nr. 8 (Henry Fonda, 2.v.r.) bringt das scheinbar klare Urteil der übrigen Geschworenen ins Wanken.

Im Gegensatz zu vielen anderen Produktionen aus Hollywood überzeugte Sidney Lumets Regiedebüt „Die zwölf Geschworenen" durch eine zurückhaltende Inszenierung.

Bei glühender Hitze beraten die zwölf Geschworenen eines Mordprozesses die Schuldfrage. Bis auf einen Mann (Henry Fonda) sind alle Beteiligten davon überzeugt, dass der Angeklagte seinen Vater ermordet hat. Da jedoch ein einstimmiges Urteil gefällt werden muss, ergibt sich eine hitzige Diskussion. Hinter der anfänglichen Sicherheit der Geschworenen kommen Vorurteile oder eigene psychische Schwächen zum Vorschein, die eine „faire" Beratung bisher erschwerten.

Der Film erreicht ein Höchstmaß an Dichte durch die klaustrophobische Enge des Raums und die psychologisch stimmigen Dialoge.

12 ANGRY MEN

Regie: Sidney Lumet

Buch: Reginald Rose, nach seinem gleichnamigen Fernsehspiel

Kamera: Boris Kaufmann

Darsteller: Henry Fonda, Lee J. Cobb, Jack Warden u.a.

Preis: Goldener Bär, Filmfestspiele Berlin 1957

Anekdote zur Senkung der Arbeitsmoral (Heinrich Böll)

Lernziele
- Kennenlernen der Anekdote von Heinrich Böll
- Charakteristik der beiden Hauptpersonen (Fischer/Tourist)
- Wissen um ihre gegensätzliche Einstellung zur Arbeit
- Erkennen der satirischen Züge der Anekdote
- Herausfinden der Aussage Heinrich Bölls (Kritik an der Wohlstandsgesellschaft)

Arbeitsmittel/Medien/Literaturhinweise
- Textblatt
- Arbeitsblatt mit Lösung
- Folie (Verfasserinformation)
- Bilder (2), Grafik (Wert der Arbeit)

Tafelbild/Folien

Heinrich Böll

Er wurde am 21. Dezember 1917 in Köln als Sohn eines katholischen Schreiners und Bildhauers geboren und begann dort 1937 nach dem Abitur eine Buchhändlerlehre. Ein Jahr später brach er seine Lehre ab und betätigte sich 1938 zum ersten Mal schriftstellerisch. 1939 wurde Böll zum Arbeitsdienst und zur Wehrmacht einberufen. Im Zweiten Weltkrieg war er in Frankreich, der Sowjetunion, in Rumänien, Ungarn und im Rheinland stationiert. Er wurde zum Obergefreiten befördert, erkrankte an Typhus, wurde mehrfach verwundet und 1945 kurzzeitig in amerikanischen und britischen Lagern interniert. 1942 heiratete er Annemarie Cech und begann 1946 in Köln Germanistik zu studieren. Zugleich veröffentlichte Böll die ersten Kurzgeschichten in verschiedenen Zeitungen und Zeitschriften. 1949 erfolgte die erste Buchveröffentlichung mit der vom Kriegserleben geprägten Erzählung „Der Zug war pünktlich". 1950 erschien ein Sammelband mit 25 Kurzgeschichten unter dem Titel „Wanderer, kommst du nach Spa ...", 1951 sein Antikriegsroman „Wo warst du, Adam?". Böll arbeitete fortan als freier Schriftsteller mit Wohnsitz in Köln. Er erhielt eine Einladung zur Tagung der „Gruppe 47" in Bad Dürkheim, wo er für seine satirische Geschichte „Die schwarzen Schafe" ausgezeichnet wurde. Sein 1953 veröffentlichter Roman „Und sagte kein einziges Wort" hat eine durch das Elend der Lebens- und Wohnverhältnisse gefährdete Ehe eines Heimkehrers zum Thema. Es folgten 1954 der Roman „Haus ohne Hüter", 1957 der Reisebericht „Irisches Tagebuch" und 1958 „Dr. Murkes gesammeltes Schweigen und andere Satiren", wofür er den Eduard-von-der-Heydt-Preis der Stadt Wuppertal erhielt. In dem 1959 veröffentlichten und mit dem Großen Kunstpreis des Landes Nordrhein-Westfalen ausgezeichneten Roman „Billard um halbzehn" setzt sich Böll erneut mit Themen des Krieges und des Zusammenbruchs der bürgerlichen Gesellschaft auseinander. 1961 erhielt er ein Stipendium der Villa Massimo in Rom. 1963 gelang Böll mit dem Roman „Ansichten eines Clowns" ein Bestseller, der sowohl als Theaterstück inszeniert als auch verfilmt wurde. 1964 wurde Böll als Gastdozent für Poetik an die Universität Frankfurt/Main berufen, 1967 erhielt er den „Georg-Büchner-Preis" der Deutschen Akademie für Sprache und Dichtung. Zugleich wurde er zum Präsidenten des deutschen PEN-Zentrums, 1974 zum Präsidenten des internationalen PEN-Clubs gewählt. Er veröffentlichte 1971 den Roman „Gruppenbild mit Dame", der später verfilmt wurde. 1972 erhielt Böll den Nobelpreis für Literatur, der damit zum ersten Mal nach 43 Jahren wieder an einen deutschen Schriftsteller vergeben wurde. 1974 veröffentlichte Böll die Erzählung „Die verlorene Ehre der Katharina Blum", eine Kritik krimineller Formen der Meinungsmanipulation durch die Boulevardpresse. Die Verleihung der „Carl-von-Ossietzky-Medaille" der Internationalen Liga für Menschenrechte erfolgte 1974. Zu Bölls 60. Geburtstag erschienen die ersten fünf Bände einer Werkausgabe sowie „Einmischung erwünscht. Schriften zur Zeit". In den 80er-Jahren engagierte sich Böll sehr stark in der Friedenbewegung. 1983 wurde er zum Professor des Landes Nordrhein-Westfalen ernannt und erhielt die Ehrenbürgerwürde der Stadt Köln. Am 16. Juli 1985 starb Heinrich Böll nach langer Krankheit in seinem Haus in Langenbroich/Eifel.

Stundenbild

I. Hinführung

St. Impuls	TA	Arbeitsmoral
Aussprache		
Ergebnis		Innere Einstellung zur Arbeit, Sinn/Unsinn der Arbeit
Impuls		L: Dieser Begriff spielt in der folgenden Geschichte eine Rolle.
Zielangabe	TA	*Anekdote zur Senkung der Arbeitsmoral (Heinrich Böll)*
Vermutungen		

II. Darbietung des Textes

	Textblatt	Anekdote zur Senkung der Arbeitsmoral
L trägt vor		
Aussprache		

III. Arbeit am Text

Nochmaliges Lesen		
Impuls		L: Charakterisiere die beiden Hauptpersonen. Welche Vorstellung von Arbeit haben die beiden?
	TA	Fischer – Tourist
Schüler suchen Textbezüge		
		L: Worin liegt die Pointe der Anekdote?
Aussprache		
Ergebnis	TA	Umdrehung des Überlegenheits- und Unterlegenheitsverhältnisses; Tourist verspürt „nur ein wenig Neid".
Impuls		L: Zeige humorvolle Züge des Textes auf.
Partnerarbeit		
Zsf. Partnerberichte		

IV. Wertung

Leitfragen		❶ Auf welches Problem will Böll mit seiner Anekdote aufmerksam machen?
Aussprache		
Ergebnis		Bedeutung und Wert der Arbeit für den Menschen Lebt man, um zu arbeiten, oder arbeitet man, um zu leben? „Last der Arbeit"? ❷ Was wäre, wenn sich in unserer Gesellschaft alle so wie der Fischer verhielten?
Aussprache		
St. Impuls	Folien	Fischerdorf – Großstadt
Aussprache		
	Folie	Grafik: Der Wert der Arbeit – gewaltige Unterschiede
Aussprache		

V. Sicherung

Zsf.	AB	Anekdote zur Senkung der Arbeitsmoral
Kontrolle	Folie	

VI. Vertiefung

	Folie	Verfasserinformation: Heinrich Böll
Erlesen des Textes		
Aussprache		
Zusammenfassendes Lesen		

Anekdote zur Senkung der Arbeitsmoral
(Heinrich Böll)

In einem Hafen an einer westlichen Küste Europas liegt ein ärmlich gekleideter Mann in seinem Fischerboot und döst. Ein schick angezogener Tourist legt eben einen neuen Farbfilm in seinen Fotoapparat, um das idyllische Bild zu fotografieren: blauer Himmel, grüne See mit friedlichen, schneeweißen Wellenkämmen, schwarzes Boot, rote Fischermütze. Klick. Noch einmal: klick, und da aller guten Dinge drei sind, und sicher sicher ist, ein drittes Mal: klick. Das spröde, fast feindselige Geräusch weckt den dösenden Fischer, der sich schläfrig aufrichtet, schläfrig nach seiner Zigarettenschachtel angelt. Aber bevor er das Gesuchte gefunden, hat ihm der eifrige Tourist schon eine Schachtel vor die Nase gehalten, ihm die Zigarette nicht gerade in den Mund gesteckt, aber in die Hand gelegt, und ein viertes Klick, das des Feuerzeuges, schließt die eilfertige Höflichkeit ab. Durch jenes kaum messbare, nie nachweisbare Zuviel an flinker Höflichkeit ist eine gereizte Verlegenheit entstanden, die der Tourist – der Landessprache mächtig – durch ein Gespräch zu überbrücken versucht. „Sie werden heute einen guten Fang machen." Kopfschütteln des Fischers. „Aber man hat mir gesagt, dass das Wetter günstig ist." Kopfnicken des Fischers. „Sie werden also nicht ausfahren?" Kopfschütteln des Fischers, steigende Nervosität des Touristen. – Gewiss liegt ihm das Wohl des ärmlich gekleideten Menschen am Herzen, nagt an ihm die Trauer über die verpasste Gelegenheit. „Oh? Sie fühlen sich nicht wohl?" Endlich geht der Fischer von der Zeichensprache zum wahrhaft gesprochenen Wort über. „Ich fühle mich großartig", sagt er. „Ich habe mich nie besser gefühlt." Er steht auf, reckt sich, als wollte er demonstrieren, wie athletisch er gebaut ist. „Ich fühle mich fantastisch." Der Gesichtsausdruck des Touristen wird immer unglücklicher, er kann die Frage nicht mehr unterdrücken, die ihn sozusagen das Herz zu sprengen droht: „Aber warum fahren Sie dann nicht aus?" Die Antwort kommt prompt und knapp. „Weil ich heute Morgen schon ausgefahren bin." „War der Fang gut?"
„Er war so gut, dass ich nicht noch einmal auszufahren brauche, ich habe vier Hummer in meinen Körben gehabt, fast zwei Dutzend Makrelen gefangen ..." Der Fischer, endlich erwacht, taut jetzt auf und klopft dem Touristen beruhigend auf die Schultern. Dessen besorgter Gesichtsausdruck erscheint ihm als ein Ausdruck zwar unangebrachter, doch rührender Kümmernis. „Ich habe sogar für morgen und übermorgen genug", sagt er, um des Fremden Seele zu erleichtern. „Rauchen Sie eine von meinen?" – „Ja, danke." Zigaretten werden in Münder gesteckt, ein fünftes Klick, der Fremde setzt sich kopfschüttelnd auf den Bootsrand, legt die Kamera aus der Hand, denn er braucht jetzt beide Hände, um seiner Rede Nachdruck zu verleihen. Ich will mich ja nicht in Ihre persönlichen Angelegenheiten mischen", sagt er, „aber stellen Sie sich mal vor, Sie führen heute ein zweites, ein drittes, vielleicht sogar ein viertes Mal aus, und Sie würden drei, vier, fünf, vielleicht gar zehn Dutzend Makrelen fangen ... Stellen Sie sich das mal vor." Der Fischer nickt.
„Sie würden", fährt der Tourist fort, „nicht nur heute, sondern morgen, übermorgen, ja, an jedem günstigen Tag zwei-, dreimal, vielleicht viermal ausfahren – wissen Sie, was geschehen würde?" Der Fischer schüttelt den Kopf. „Sie würden sich in spätestens einem Jahr einen Motor kaufen können, in zwei Jahren ein zweites Boot, in drei Jahren könnten Sie vielleicht einen kleinen Kutter haben, mit zwei Booten oder dem Kutter würden Sie natürlich viel mehr fangen – eines Tages würden Sie zwei Kutter haben, Sie würden ...", die Begeisterung verschlägt ihm für ein paar Augenblicke die Stimme, „Sie würden ein kleines Kühlhaus bauen, vielleicht eine Räucherei, später eine Marinadenfabrik, mit einem eigenen Hubschrauber rundfliegen, die Fischschwärme ausmachen und ihren Kuttern per Funk Anweisung geben, Sie könnten die Lachsrechte erwerben, ein Fischrestaurant eröffnen, den Hummer ohne Zwischenhändler direkt nach Paris exportieren – und dann ...", wieder verschlägt die Begeisterung dem Fremden die Sprache. Kopfschüttelnd, im tiefsten Herzen betrübt, seiner Urlaubsfreude schon fast verlustig, blickt er auf die friedlich hereinrollende Flut, in der die ungefangenen Fische munter springen. „Und dann", sagt er, aber wieder verschlägt ihm die Erregung die Sprache. Der Fischer klopft ihm auf den Rücken, wie einem Kind, das sich verschluckt hat. „Was dann?", fragte er leise. „Dann", sagte der Fremde mit stiller Begeisterung, dann könnten Sie beruhigt hier im Hafen sitzen, in der Sonne dösen – und auf das herrliche Meer blicken." „Aber das tu ich ja schon jetzt", sagt der Fischer, „ich sitze beruhigt am Hafen und döse, nur Ihr Klicken hat mich dabei gestört." Tatsächlich zog der solcherlei belehrte Tourist nachdenklich von dannen, denn früher hatte er auch einmal geglaubt, er arbeite, um eines Tages einmal nicht mehr arbeiten zu müssen, und es blieb keine Spur von Mitleid mit dem ärmlich gekleideten Fischer in ihm zurück, nur ein wenig Neid.

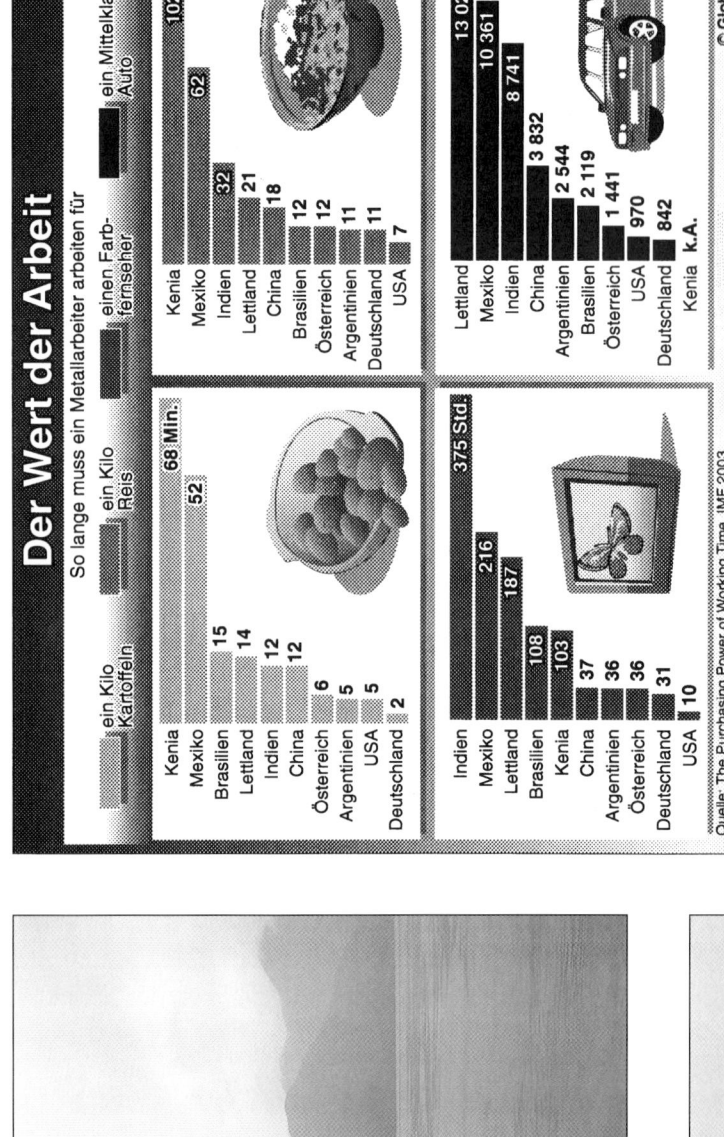

Gewaltige Unterschiede

Wie lange muss ich arbeiten, um ein Kilo Kartoffeln kaufen zu können? Wie viel Arbeitszeit kostet ein Kilogramm Reis? Und wie viele Stunden Arbeitszeit müsste ich investieren, um mir einen Fernseher oder gar ein Auto kaufen zu können? Die Antwort auf diese Fragen hängt vor allem davon ab, in welchem Land man lebt und arbeitet, wie hoch die Preise sind und was man verdient. Die Unterschiede zwischen den Ländern sind enorm: In Kenia muss ein Metallarbeiter mehr als eine Stunde arbeiten, um sich ein Kilo Kartoffeln oder Reis kaufen zu können. Sein Kollege in Deutschland kann sich bereits nach zwei Minuten Arbeit Kartoffeln leisten – das ist weniger als ein Dreißigstel der in Kenia benötigten Zeit. Gewaltige Unterschiede gibt es auch beim Kauf von „Luxusgütern": Während ein indischer Metallarbeiter fast 400 Stunden für einen Farbfernseher und fast 9000 Stunden für ein Auto arbeiten muss, kann sich sein US-amerikanischer Kollege schon nach zehn Stunden einen Fernseher und nach knapp 1000 Stunden ein Auto zulegen.

Arbeitsblatt: Anekdote zur Senkung der Arbeitsmoral

Anekdote zur Senkung der Arbeitsmoral
(Heinrich Böll)

Heinrich Böll schrieb diese Anekdote 1963, als das deutsche Wirtschaftswunder in voller Blüte stand.

❶ **In dieser Geschichte treffen zwei Personen aufeinander. Beschreibe beide mit Hilfe von Adjektiven.**

___

❷ **Welche Vorstellungen von Arbeit haben die beiden?**

___

❸ **Finde die Pointe der Anekdote heraus. Erkläre sie.**

___

❹ **Auf welches Problem unserer Gesellschaft will Böll in humorvoller Weise aufmerksam machen?**

___

❺ **Welche Bedeutung hat „Arbeit" für uns? Suche positive und negative Aspekte.**

___

Lösungsblatt: Anekdote zur Senkung der Arbeitsmoral

Anekdote zur Senkung der Arbeitsmoral
(Heinrich Böll)

Heinrich Böll schrieb diese Anekdote 1963, als das deutsche Wirtschaftswunder in voller Blüte stand.

❶ **In dieser Geschichte treffen zwei Personen aufeinander. Beschreibe beide mit Hilfe von Adjektiven.**
Fischer und Tourist
Fischer: ärmlich gekleidet, ruht sich aus, genügsam, ist mit sich und seiner Arbeit zufrieden
Tourist: gut gekleidet, wohlhabend, hektisch, eifrig, strebsam, erfolgreich, etwas unzufrieden

❷ **Welche Vorstellungen von Arbeit haben die beiden?**
Fischer und Tourist haben eine gegensätzliche Einstellung zur Arbeit. Während der Fischer mit seinem bescheidenen Leben zufrieden ist und nur so viel arbeitet, wie er zum Leben braucht, rackert sich der Tourist ab, strebt durch intensive Arbeit nach immer größerem Gewinn, um eines Tages im Alter (vielleicht) in Muße leben zu können.

❸ **Finde die Pointe der Anekdote heraus. Erkläre sie.**
Durch die überraschende Äußerung des Fischers „Aber das tu ich ja jetzt schon", wird die ganze Argumentationskette des Touristen der Lächerlichkeit preisgegeben und ad absurdum geführt. Der bisher überlegen erscheinende Tourist wird nachdenklich und verspürt am Ende sogar etwas Neid auf das Leben des Fischers.

❹ **Auf welches Problem unserer Gesellschaft will Böll in humorvoller Weise aufmerksam machen?**
Arbeit soll nicht zum Selbstzweck werden. Böll kritisiert das Wirtschaftswachstumsdenken und das Streben nach Gewinnmaximierung, das zu Beginn der 60er-Jahre in voller Blüte stand und auch heute noch aktuell ist. Arbeit „adelt" nicht, sie ist nur Mittel zum Zweck. Die Erwachsenengesellschaft vergisst über dem Gewinnstreben und Wohlstandsdenken oft die Selbstfindung und Selbstverwirklichung des Einzelnen. Man arbeitet, um zu leben und nicht umgekehrt.

❺ **Welche Bedeutung hat „Arbeit" für uns? Suche positive und negative Aspekte.**
Für uns kann Arbeit Selbstverwirklichung bedeuten, sie kann Freude bereiten und Zufriedenheit verschaffen. Oft lässt sich das aber mit den Anforderungen der Berufswelt nicht vereinbaren. Arbeit bedeutet vorrangig Existenzsicherung, auch wenn der Spaßfaktor dabei zu kurz kommt. Problematisch wird das, wenn nur noch gearbeitet wird, um sich möglichst viele materielle Wünsche zu erfüllen, familiäre und soziale Kontakte aber auf der Strecke bleiben.

Fernsehen als Scheidungsgrund (Art Buchwald)

Lernziele
- Kennenlernen einer Satire von Art Buchwald über Sportfanatismus
- Kenntnis der gewählten Darstellungsform
- Wissen um die Kritik, die der Verfasser mit seiner Satire übt
- Herausfinden der Pointe (letzter Absatz)
- Herausfinden der sprachlichen Mittel, die diese Kritik verdeutlichen
- Umsetzung in einen Sketch

Arbeitsmittel/Medien/Literaturhinweise
- Textblatt
- Arbeitsblatt mit Lösung (S. 57 f.)
- Informationstext: Was darf Satire? (Kurt Tucholsky)
- Folien (Karikaturen)
- Folie (Verfasserinformation)

Tafelbild/Folien

Art Buchwald

Er wurde am 20. Oktober 1925 in Mount Vernon (USA) geboren. Nach dem Marinedienst studierte er in Los Angeles und gab dort eine Studentenzeitschrift heraus. Seit 1948 schreibt Buchwald für die Europa-Ausgabe der „New York Herald Tribune". Um Material für seine Glossen zu gewinnen, reiste er um die ganze Welt. Seine Geschichten erscheinen weltweit in Tageszeitungen.
1982 erhielt Buchwald den Pulitzer Preis, 1986 wurde er Mitglied der Amerikanischen Akademie für Kunst und Literatur. Buchwald hat drei Kinder und lebt heute in Washington, D.C.
Er veröffentliche bislang mehr als 30 Bücher, u. a. „Nein, meine Klappe halte ich nicht" (1967), „Lasst euch bloß nicht unterkriegen" (1972), „Art Buchwalds beste Geschichten" (1976), „Art Buchwalds heitere Welt" (1978), „I think I don't remember" (1987), „I'll always have Paris" (1995), und „Stella in heaven: Almost a Novel" (2000).

Stundenbild

I. Hinführung

St. Impuls	Folie	Zwei Karikaturen (Fußball)
Aussprache		
Ergebnis		Fußballverrücktheit
Impuls		L: Wir lernen eine Geschichte ähnlichen Inhaltes kennen.
Zielangabe	TA	*Fernsehen als Scheidungsgrund (Art Buchwald)*
Vermutungen		
L gibt kurze Information über den Verfasser	Folie	Art Buchwald

II. Darbietung des Textes

	Textblatt	Fernsehen als Scheidungsgrund
L trägt vor		
Aussprache		

III. Arbeit am Text

Nochmaliges Lesen		
		L: Wie ist der Text von der Form her gestaltet?
Aussprache		
Ergebnis	TA	Telefonat mit der Mutter – Monolog
Impuls		L: Der Schluss als Pointe wirkt sehr überraschend. Begründe.
Aussprache		
Impuls		L: Begründe, warum die Überschrift gut zum Text passt.
Aussprache		
		L: Der Text animiert zum Schmunzeln. Wo übertreibt, wo untertreibt Buchwald?
Aussprache		
Ergebnis	TA	• Übertreibung: Er kann keine Arbeit mehr leisten, weil er Sportsendungen anschauen muss. • Untertreibung: Er sieht sein Verhalten als völlig normal und unterstellt seiner Frau und seinen Gästen Unverständnis.

IV. Wertung

Leitfragen		❶ Woran übt Art Buchwald Kritik?
Aussprache		
		❷ Was will er mit seiner Kritik erreichen?
Aussprache		
		❸ Welche Literaturform liegt hier vor?
Aussprache		
Ergebnis	TA	In einer Satire wird mit den Stilmitteln der Übertreibung, Ironie und Verzerrung versucht, individuelles Fehlverhalten und gesellschaftliche Missstände bloßzustellen.

V. Sicherung

Zsf.	AB	Fernsehen als Scheidungsgrund
Kontrolle	Folie	
Zusammenfassendes Lesen		

VI. Ausweitung

	Textblatt	Was darf Satire? (Kurt Tucholsky)
Aussprache		
Sketch		• Telefonapparat als Requisit • Pausen dort, wo die Mutter spricht

Fernsehen als Scheidungsgrund
(Art Buchwald)

Hallo, Mutter, ist meine Frau da? – Was heißt, sie will nicht mit mir sprechen? Das ist ja lächerlich. – Ich weiß, dass sie böse auf mich ist, aber es ist ja fast eine Woche her. Wie lange will sie denn noch schmollen? – Nichts ist vorgefallen! Gar nichts. – Du hast nur ihre Darstellung gehört. – Am Sonnabend, ja, da fing es an... Zugegeben, ich versprach, das Laub zusammenzuharken, aber da wusste ich noch nicht, dass das Spiel Pittsburg gegen Syracuse im Fernsehen gezeigt würde. – Was ist denn Schlimmes dabei, wenn man sich ein Fußballspiel am Fernsehen ansieht? – Ja, ja, ich hörte mir auch das Spiel Notre-Dame gegen die Marine im Radio an, aber das war das große Sportereignis der Woche. – Doch, ich sprach mit ihr: am Samstagnachmittag. Ich erinnere mich genau, ich fragte sie, warum sie kein Bier auf Eis gelegt hätte.

Sie sagt, ich wäre nicht zum Essen gekommen? Das entspricht nicht ganz der Wahrheit. Ich musste das große Rennen in Aqueduct sehen, und dann kamen die Sportnachrichten, und ich sagte, danach würde ich gleich zu Tisch kommen, aber das Glück wollte es, dass als Nächstes ein Hockeyspiel gesendet wurde. Heutzutage sind nicht mehr viele Hockeyspiele auf dem Bildschirm zu sehen. – Ich sagte ihr, ich wollte vor dem Fernsehapparat essen, und weißt du, was sie da antwortete? „Ich führe kein Hotel. Du kannst dir dein Essen selbst holen!" Ist es vielleicht nett, so mit einem Menschen zu reden, der sich ein Hockeyspiel ansieht?

Ach, Mutter, du weißt doch, wie sie immer übertreibt. Die Boxkämpfe waren um elf Uhr zu Ende. Als wir heirateten, wusste sie, dass ich Boxen liebe. Ich ging gleich nach den Toto-Ergebnissen zu Bett. Am Sonntag? Ich glaube, ich sagte etwas davon, dass ich das Laub am Sonntag zusammenkehren wollte, aber zuerst musste ich den Bericht über das Spiel Notre-Dame gegen Marine lesen, dann über das große Rennen in Aqueduct und dann über das Hockeyspiel, und ehe ich mich's versah, war es Zeit für die TV-Übertragung des Spieles Rothäute gegen Adler. – Das ist nicht wahr. Ich ließ sie ins Zimmer. Ich schickte sie nur hinaus, als sie mich fragte, welche Farbe die neuen Vorhänge im Schlafzimmer haben sollten – gerade in dem Augenblick, wo Charley Taylor den Ball hinter die gegnerische Torlinie bringen wollte.

Das hat sie behauptet? – Hat sie dir auch erzählt, dass sie mir kein Mittagessen geben wollte, wenn ich ihr nicht das schmutzige Geschirr vom Samstagabend in die Küche brächte? Nun frage ich dich, was für eine Ehefrau ist das? – Ich habe sie nicht angebrüllt. – Möglich, dass ich die Stimme ein wenig hob, als es um das Entscheidungstor ging und sie sagte, ich sollte alle Sommerkleider auf den Dachboden bringen, aber ich wurde nicht heftig. – Sie verdreht alles. Danach sah ich nicht das Spiel Detroit gegen Rams. Es war Buffalo gegen Houston. Und es war ein sehr wichtiges Spiel. Wie oft bekommt man schon zwei Spiele zwischen denselben Mannschaften unmittelbar hintereinander zu sehen? – Na ja, darüber vergaß ich eben, dass wir die Winstons zu einem Glas Wein eingeladen hatten. – Ich war zu ihnen nicht unhöflich. Ich zeigte ihnen, wo sie sich etwas zu trinken holen konnten, und sagte, ich würde mich in zwei Stunden zu ihnen setzen. Woher sollte ich denn wissen, dass sie nach Hause gehen würden, ehe der Vortrag über die großen Stunden des Fußballs zu Ende war?

Ich bitte dich, Mutter, sprich du mit ihr. Ich habe es satt, Fernsehsnacks zu essen, und es ist kein einziger sauberer Teller mehr im Hause.

Und sag ihr, dass ich sie liebe und dass sie und die Kinder mir sehr fehlen. – Was hat sie gesagt? Sie kommt zurück? Herrlich, wunderbar. Wann soll ich sie abholen? – Am Samstag?

Herrje, am Samstag kann ich nicht. Da spielt Illinois gegen Michigan, und es geht dabei um die Ausscheidung für den Cup.

Was darf die Satire?
(Kurt Tucholsky)

Wenn einer bei uns einen guten politischen Witz macht, dann sitzt halb Deutschland auf dem Sofa und nimmt übel. Satire scheint eine durchaus negative Sache. Sie sagt: „Nein!" Eine Satire, die zur Zeichnung einer Kriegsanleihe auffordert, ist keine. Die Satire beißt, lacht, pfeift und trommelt die große, bunte Landsknechtstrommel gegen alles, was stockt und träge ist.

Satire ist eine durchaus positive Sache. Nirgends verrät sich der Charakterlose schneller als hier, nirgends zeigt sich fixer, was ein gewissenloser Hanswurst ist, einer, der heute den angreift und morgen den.
Der Satiriker ist ein gekränkter Idealist: Er will die Welt gut haben, sie ist schlecht, und nun rennt er gegen das Schlechte an. Die Satire eines charaktervollen Künstlers, der um des Guten willen kämpft, verdient also nicht diese bürgerliche Nichtachtung und das empörte Fauchen, mit dem hierzulande diese Kunst abgetan wird. Vor allem macht der Deutsche einen Fehler: Er verwechselt das Dargestellte mit dem Darstellenden. Wenn ich die Folgen der Trunksucht aufzeigen will, also dieses Laster bekämpfe, so kann ich das nicht mit frommen Bibelsprüchen, sondern ich werde es am wirksamsten durch die packende Darstellung eines Mannes tun, der hoffnungslos betrunken ist. Ich hebe den Vorhang auf, der schonend über die Fäulnis gebreitet war, und sage: „Seht!" – In Deutschland nennt man dergleichen „Krassheit". Aber Trunksucht ist ein böses Ding, sie schädigt das Volk, und nur schonungslose Wahrheit kann da helfen. Und so ist das damals mit dem Webereelend gewesen, und mit der Prostitution ist es noch heute so. Der Einfluss Krähwinkels hat die deutsche Satire in ihren so dürftigen Grenzen gehalten. Große Themen scheiden nahezu völlig aus. Der einzige Simplicissimus hat damals, als er noch die große rote Bulldogge rechtens im Wappen führte, an all die deutschen Heiligtümer zu rühren gewagt: an den prügelnden Unteroffizier, an den stockfleckigen Bürokraten, an den Rohrstockpauker und an das Straßenmädchen, an den fettherzigen Unternehmer und an den näselnden Offizier. Nun kann man gewiss über all diese Themen denken wie man mag, und es ist jedem unbenommen, einen Angriff für ungerechtfertigt und einen anderen für übertrieben zu halten, aber die Berechtigung eines ehrlichen Mannes, die Zeit zu peitschen, darf nicht mit dicken Worten zunichte gemacht werden.

Übertreibt die Satire? Die Satire muss übertreiben und ist ihrem tiefsten Wesen nach ungerecht. Sie bläst die Wahrheit auf, damit sie deutlicher wird, und sie kann gar nicht anders arbeiten als nach dem Bibelwort: Es leiden die Gerechten mit den Ungerechten. Aber nun sitzt zutiefst im Deutschen die leidige Angewohnheit, nicht in Individuen, sondern in Ständen, in Korporationen zu denken und aufzutreten, und wehe, wenn du einer dieser zu nahe trittst. Warum sind unsere Witzblätter, unsere Lustspiele, unsere Komödien und unsere Filme so mager? Weil keiner wagt, dem dicken Kraken an den Leib zu gehen, der das ganze Land bedrückt und dahockt: fett, faul und lebenstötend.

Nicht einmal dem Landesfeind gegenüber hat sich die deutsche Satire herausgetraut. Wir sollten gewiss nicht den scheußlichen unter den französischen Kriegskarikaturen nacheifern, aber welche Kraft lag in denen, welch elementare Wut, welcher Wurf und welche Wirkung! Freilich: Sie scheuten vor gar nichts zurück. Daneben hingen unsere bescheidenen Rechentafeln über U-Boot-Zahlen, taten niemandem etwas zuleide und wurden von keinem Menschen gelesen.

Wir sollten nicht so kleinlich sein. Wir alle – Volksschullehrer und Kaufleute und Professoren und Redakteure und Musiker und Ärzte und Beamte und Frauen und Volksbeauftragte –, wir alle haben Fehler und komische Seiten und kleine und große Schwächen. Und wir müssen nun nicht immer gleich aufbegehren („Schlächtermeister, wahret eure heiligsten Güter!"), wenn einer wirklich einmal einen guten Witz über uns reißt. Boshaft kann er sein, aber ehrlich soll er sein. Das ist kein rechter Mann und kein rechter Stand, der nicht einen ordentlichen Puff vertragen kann. Er mag sich mit denselben Mitteln dagegen wehren, er mag widerschlagen – aber er wende nicht verletzt, empört, gekränkt das Haupt. Es wehte bei uns im öffentlichen Leben ein reinerer Wind, wenn nicht alle übel nähmen.

So aber schwillt ständischer Dünkel zum Größenwahn an. Der deutsche Satiriker tanzt zwischen Berufsständen, Klassen, Konfessionen und Lokaleinrichtungen einen ständigen Eiertanz. Das ist gewiss recht graziös, aber auf die Dauer etwas ermüdend. Die echte Satire ist Blut reinigend: Und wer gesundes Blut hat, der hat auch einen reinen Teint.
Was darf die Satire?
Alles.

Kurt Tucholsky veröffentlichte diesen Text am 27. Januar 1919 im „Berliner Tageblatt" unter dem Namen „Ignaz Wrobel", einem seiner Pseudonyme. Das Stück hat nichts an Aktualität eingebüßt.

Arbeitsblatt: Fernsehen als Scheidungsgrund

Fernsehen als Scheidungsgrund
(Art Buchwald)

❶ Um welche Textart handelt es sich? Worum geht es in diesem Text?

❷ Wie ist der Text gestaltet? Sprechform?

❸ Buchwald greift den Sportfan nicht direkt an, sondern wählt ein völlig übertriebenes Beispiel. Zu was hat der sportbegeisterte Ehemann am Wochenende nie Zeit?

❹ Buchwald benutzt auch das sprachliche Mittel der Untertreibung, um den Leser zum Lachen zu bringen. Wo ist das der Fall?

❺ Worin steckt die Pointe der Geschichte?

❻ Übertriebener Fernsehkonsum kann zu massiven Problemen führen. Begründe.

❼ Was will die Karikatur von Horst Haitzinger im Bild rechts ausdrücken?

Finale

57

Lösungsblatt: Fernsehen als Scheidungsgrund

Fernsehen als Scheidungsgrund
(Art Buchwald)

❶ Um welche Textart handelt es sich? Worum geht es in diesem Text?

Der Text ist eine Satire. Buchwald beschreibt einen sportbegeisterten Radio- und Fernsehbenutzer, der am Wochenende keine Sportsendung auslassen kann.

❷ Wie ist der Text gestaltet? Sprechform?

In einem Telefonat mit seiner Mutter beschwert sich der Sportfan über das Verhalten seiner Ehefrau, die bei ihr Zuflucht gesucht hat. Buchwald wählt als Sprechform den Monolog.

❸ Buchwald greift den Sportfan nicht direkt an, sondern wählt ein völlig übertriebenes Beispiel. Zu was hat der sportbegeisterte Ehemann am Wochenende nie Zeit?

Er kann kein Laub zusammenrechen, nicht zum Essen kommen, nicht die Farbe der Schlafzimmervorhänge auswählen, nicht das schmutzige Geschirr in die Küche bringen, keine Sommerkleider auf den Dachboden bringen und keine Gäste unterhalten.

❹ Buchwald benutzt auch das sprachliche Mittel der Untertreibung, um den Leser zum Lachen zu bringen. Wo ist das der Fall?

Der Sportfan stellt im Telefonat mit seiner Mutter sein Verhalten nicht nur als völlig normal und absolut unproblematisch hin, er wirft seiner Frau und den Gästen sogar vor, unverständlich und unverhältnismäßig reagiert zu haben.

❺ Worin steckt die Pointe der Geschichte?

Der Sportfan kann seine Frau und seine Kinder, die er unbedingt wiedersehen will und sehnsuchtsvoll erwartet, nicht abholen, weil am Samstag ein wichtiges Sportereignis zur Übertragung ansteht.

❻ Übertriebener Fernsehkonsum kann zu massiven Problemen führen. Begründe.

Zu viel Fernsehen kann neben gesundheitlichen Schädigungen (Rückenprobleme, Augenschäden, falsche Essgewohnheiten) auch zu familiären Problemen führen. Man spricht nichts mehr, spielt nicht mehr zusammen, ist nicht mehr produktiv tätig, sondern konsumiert nur noch sprach- und kritiklos. Aggressivität wie auch Minderwertigkeitskomplexe sind die Folgen.

❼ Was will die Karikatur von Horst Haitzinger im Bild rechts ausdrücken?

Gebannt blickt die ganze deutsche Nation als Bundesadler im Fußballdress auf den Bildschirm, um ein Fußballspiel mitzuerleben. Dieses Verhalten grenzt fast an Massenhysterie und Massenpsychose, worauf der Sanitätswagen im Hintergrund hinweist. So weit von der Realität entfernt ist Art Buchwalds Satire nicht, wenn man die samstägliche Bundesligaberichterstattung anschaut.

Finale

Traumberuf Bankräuber (Klaus Stiller)

Lernziele
- Kennenlernen der Satire von Klaus Stiller
- Erkenntnis, dass Erzählstruktur und Aussage des Textes ein fantastischer Einfall zugrunde liegt.
- Herausfinden der satirischen Elemente des Textes
- Wissen um die Kritik am Gewinn- und Erfolgsdenken unserer heutigen Gesellschaft
- Verstehen, dass das Irreale der Satire ein Spiegelbild des Realen darstellt.

Arbeitsmittel/Medien/Literaturhinweise
- Textblatt
- Arbeitsblätter (2) mit Lösungen
- Tafelbild (Banküberfall)
- Folie (Verfasserinformation)
- Folien (Grafiken, Berufsanforderungen)

Tafelbild/Folien

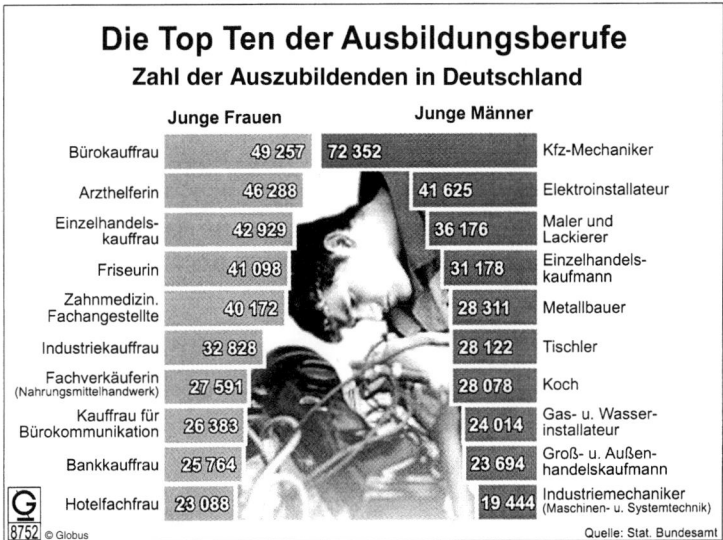

Klaus Stiller

Er wurde am 15. April 1941 in Augsburg als Sohn eines praktischen Arztes geboren. Er studierte 1961 bis 1968 Romanistik und Germanistik in München, Grenoble und Berlin. 1963/64 gehörte er zum „Literarischen Colloquium" Walter Höllerers in Berlin, wo er von 1963 bis 1970 lebte. 1971 war er kurzzeitig als Verlagslektor tätig. Seit 1972 ist er als freier Schriftsteller tätig; seit 1981 als Literaturredakteur in Berlin. Stiller erhielt u. a. 1977 den Förderpreis zum Hermann-Hesse-Preis.

Neben ungedruckten Hörspielen und Radio-Features schrieb Stiller vor allem experimentelle Dokumentarliteratur. Mit den Mitteln der Satire und der Parodie betreibt er Sprach- und Ideologiekritik. An Hand weitgehend authentischen Materials, das stilisiert und satirisch verdeutlicht wird, entlarvt er durch die Sprache die dahinterstehenden Denk- und Verhaltensmuster.

Stundenbild

I. Hinführung

St. Impuls	TA	Bild: Banküberfall
	u. U.	CD: Ba-Ba-Banküberfall (Erste Allgemeine Verunsicherung)
Aussprache		
Überleitung		L: Wir lernen eine Geschichte kennen, die dieses Thema zum Inhalt hat.
Zielangabe	TA	*Traumberuf Bankräuber (Klaus Stiller)*
Vermutungen		
L gibt kurze Information über den Verfasser	Folie	Klaus Stiller

II. Darbietung des Textes

	Textblatt	Traumberuf Bankräuber
L trägt vor		
Schüler lesen mit		
Aussprache		

III. Arbeit am Text

Nochmaliges Lesen

		L: Welcher groteske Einfall liegt dem Text zugrunde?
Aussprache		
Ergebnis	TA	Kriminelle Tat wird zum Traumberuf.
Impuls		L: Die Überschrift ist doppeldeutig.
Aussprache		
Ergebnis	TA	• Der Wunschberuf wird Wirklichkeit.
		• Der Wunschberuf bleibt nur ein Traum.
Impuls		L: Suche weitere doppeldeutige Wendungen aus dem Text heraus.
Partnerarbeit		
Zsf. Partnerberichte		
		L: Welche Textart und Darstellungsform liegt vor?
Aussprache		
Ergebnis	TA	Satire als objektiver Bericht

IV. Wertung

Leitfragen		❶ Woran übt Klaus Stiller Kritik?
Aussprache		
Ergebnis	TA	• Geld spielt für die meisten Menschen die wichtigste Rolle.
		• Erfolgsdenken steht heute im Vordergrund.
		• Alles dreht sich im Staat um die Wirtschafts- und Berufswelt.
		❷ Nicht immer ist Stillers Kritik berechtigt. Begründe.
Aussprache		Berufsfindung heute:
		• Freude am Beruf
		• Sicherer Arbeitsplatz
	Folien	Grafiken:
Aussprache		• Top Ten der Ausbildungsberufe • Der ideale Lehrling

V. Sicherung

Zsf. (auch als Hausaufgabe)	AB 1/2	Traumberuf Bankräuber
Kontrolle	Folie	
Zusammenfassendes Lesen		

Traumberuf Bankräuber
(Klaus Stiller)

Die Zahl der Bankräuber in der Bundesrepublik ist in den letzten Jahren etwa achtmal so stark gestiegen wie die Zahl der Beschäftigten im Durchschnitt der gesamten Wirtschaft. Allein daran lässt sich ablesen, dass die Leistungen, die von dieser Branche erbracht werden, eine immer größere Bedeutung erlangt haben. Heute hat praktisch jeder Arbeitnehmer den heimlichen Wunsch, einmal im Leben den großen Coup zu landen und auf einen Schlag an das ganz große Geld heranzukommen. Deshalb ist es auch viel stärker als früher üblich geworden, per Bankraub ins Geldgeschäft einzusteigen. Auch in Zukunft dürfte diese Tendenz weiter ansteigen. Dafür gibt es viele Hinweise: die mit steigenden Preisen abnehmende Kaufkraft und damit eine größere Bedeutung aller Fragen der Vermögensbildung, der steigende Welthandel und damit ein noch verlockenderes Warenangebot und nicht zuletzt die massentouristisch geweckte Reiselust in immer fernere Länder und Klimata. Dies alles übersteigt schon heute vielfach die Möglichkeit der Lohntüte des kleinen Mannes.

Unter den Bankräubern haben, wie letzte Statistiken ergeben haben, die Nachwuchskräfte einen überdurchschnittlichen Anteil. Das liegt nicht zuletzt auch daran, dass die Berufsausübung als Bankräuber gerne auch als Sprungbrett für Tätigkeiten in anderen Branchen gewählt wird, ganz abgesehen davon, dass in einer Wachstumsbranche die Aufstiegschancen für die dort Tätigen ohnehin besser als anderswo sind. Bankraub ist eine öffentlich viel beachtete Tätigkeit. Zu diesem Weg entschließen sich meist junge Leute aller Ausbildungsgrade, selbst Abiturienten. Die Ausbildungsdauer ist vergleichsweise kurz, oft beträgt sie nur Tage, manchmal Stunden. Sie steht oft in umgekehrtem Verhältnis zur Qualität der Schulbildung. Als berufliche Voraussetzungen werden erwartet: ein praktischer Sinn, Unkompliziertheit, Initiative und Schnelligkeit. Dagegen ist ein besonderes Verhältnis zu Zahlen weit weniger erforderlich als vielfach angenommen wird. Auch entbindet die jetzt weitgehende Automatisierung des Betriebsablaufes von einst durchaus üblichen und nicht gerade geschätzten Arbeiten wie: Durchbohren von Zwischendecken oder langwieriges Aufschweißen von Panzerschränken. Anstelle solch mechanischer Arbeiten sind heute Aufgaben getreten, die „kundennäher", weil wirklichkeitsbezogen sind. Der Bankräuber muss sich, wie in der Berufsausbildung Erfahrene es sehen, inzwischen auch als Autoknacker, Geiselnehmer und Scharfschütze betrachten.

Die Ausbildung zum Bankräuber ist gesetzlich nicht geregelt, wenngleich das Gesetz dieser Arbeit beträchtliche Aufmerksamkeit schenkt. Nach Abschluss der Berufsausbildung beginnt der selbst gebackene Bankräuber mit einem seiner Geschicklichkeit und seinem Glück entsprechenden Anfangsgehalt. Nach entsprechender Erfahrung und bei regelmäßiger Berufsausübung kann er leicht auf sechsstellige Summen kommen. Die Gehaltsentwicklung hängt aber sehr stark davon ab, wie viel Eigeninitiative der Bankräuber aufbringt. Wie bis vor kurzem die Abgeordneten der Parlamente bezahlt auch er keine direkten Steuern. Spätestens nach acht bis zehn Berufsjahren entscheidet es sich auch, ob er eine mehr oder weniger unabhängige Stellung erreicht, das heißt: vom Kapitalertrag leben kann. Das Einkommen richtet sich dann nach den bekannten Regeln der freien Wirtschaft und kann für – in führende Stellungen aufgestiegene – ehemalige Bankräuber entsprechende Höhen erreichen.

„Praktiker" und „Akademiker" geraten auch in diesem Beruf gelegentlich in eine Frontstellung gegeneinander. Allgemein kann auch hier nicht entschieden werden, welche Personengruppe die geeignetere ist, weil dies von der Persönlichkeit viel stärker abhängt als vom Ausbildungsweg. So finden wir bis hinauf in allerhöchste Positionen sowohl „gelernte" als auch akademisch ausgebildete Bankräuber. Die Einkommen sind je nach Leistung, Tätigkeitsfeld und -ort so verschieden, dass allgemein gültige Angaben nicht möglich sind.

Die breite Palette des Bankraubs bringt es mit sich, dass für vielerlei Begabungen Betätigungsfelder angeboten werden können. Bankräuber, die zum Beispiel auf dem Sektor Autodiebstahl tätig sind, brauchen nicht unbedingt einen „Riecher" für die großen Banknoten. Soviel lässt sich aber mit Gewissheit sagen: Ein Bankräuber ohne Gespür für die sich nähernde Polizei dürfte wenig Freude an seiner Tätigkeit haben. Sprachtalentierten Bankräubern hingegen bietet nicht nur das Auslandsgeschäft, sondern auch oftmals eine weiterführende Tätigkeit im Ausland eine besondere Verdienstmöglichkeit.

Der Wechsel vom Bankraub in eine andere Branche ist gar nicht so selten. Manch ehemaliger Bankräuber hat sich selbständig gemacht. Aber nur ganz wenigen gelingt es, selber Bankier zu werden. Dies erfordert einen zu großen finanziellen Hintergrund.

aus: Klaus Stiller: Traumberufe. © 1997 Carl Hanser Verlag, München-Wien.

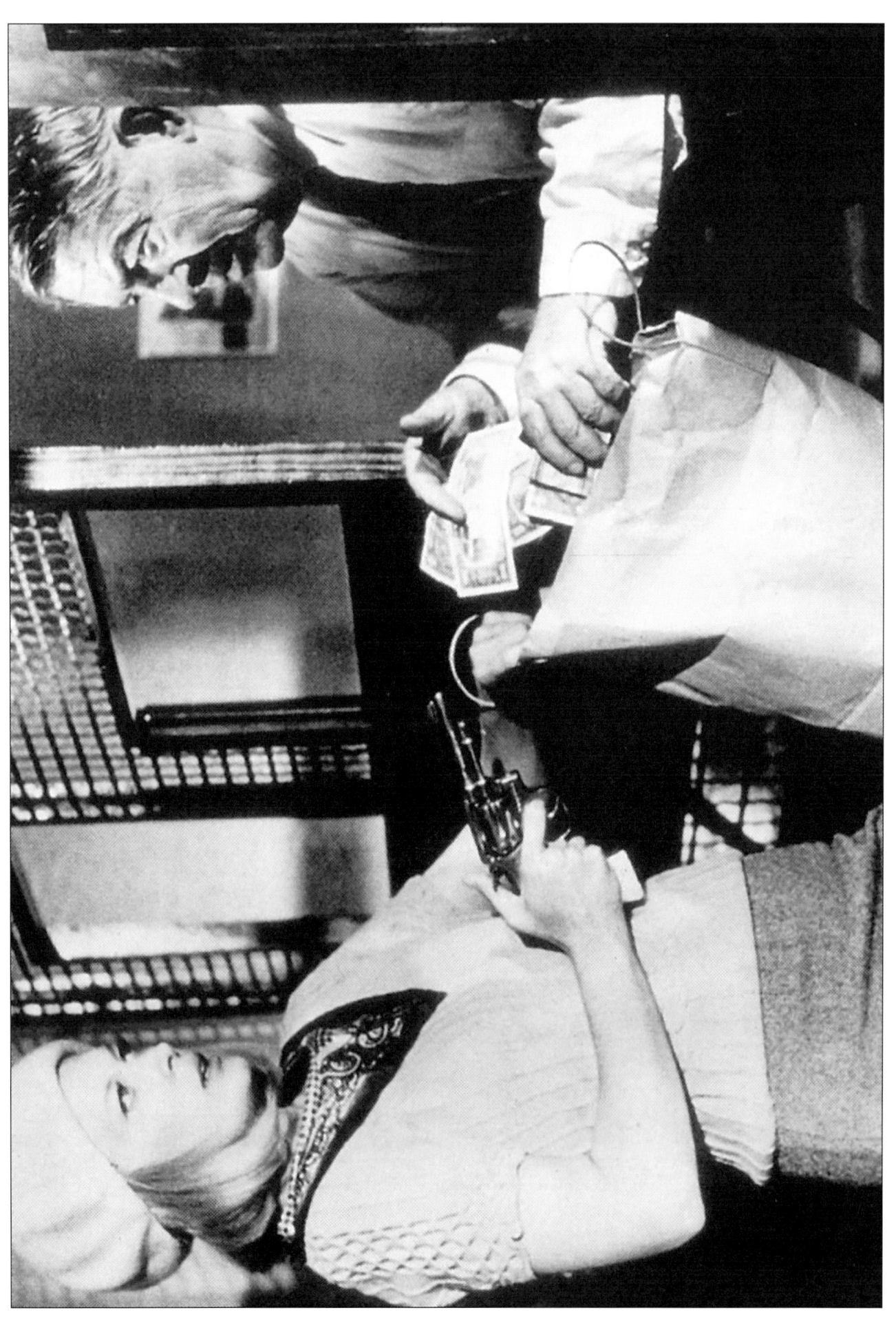

Arbeitsblatt: Traumberuf Bankräuber (I)

Traumberuf Bankräuber
(Klaus Stiller)

❶ Welche Textart liegt vor? Welche Merkmale hat sie?
_____
_____

❷ Dem Text liegt ein fantastischer, gleichsam grotesker Einfall zugrunde.
_____

❸ Der Begriff „Traumberuf" ist doppeldeutig. Inwiefern?
_____
_____

❹ Suche weitere doppeldeutige Wendungen aus dem Text heraus.
_____
_____
_____
_____

❺ Welche Darstellungsform wählt Klaus Stiller für seinen Text? Warum gerade diese?
_____
_____
_____
_____

❻ Was meint der Verfasser mit dem letzten Abschnitt?
_____
_____

❼ Finde mit Hilfe der Beispiele unten die drei Kritikpunkte des Textes heraus.

① _____
- „einmal im Leben den großen Coup landen"
- „auf sechsstellige Summen kommen"
- „ins Geldgeschäft einsteigen"
- „besondere Verdienstmöglichkeiten"

② _____
- „Aufstiegschancen"
- „führende Stellungen"
- „Sprungbrett für Tätigkeiten in anderen Branchen"
- „selber Bankier werden"

③ _____
- „abnehmende Kaufkraft"
- „Vermögensbildung"
- „steigender Welthandel"
- „vom Kapitalertrag leben"
- „keine direkten Steuern"
- „Regeln der freien Wirtschaft"

Lösungsblatt: Traumberuf Bankräuber (I)

Traumberuf Bankräuber
(Klaus Stiller)

❶ **Welche Textart liegt vor? Welche Merkmale hat sie?**
Satire. Die vorherrschenden Stilmittel der Satire sind Ironie, Übertreibung und Verzerrung. Sie versucht individuelles Fehlverhalten und gesellschaftliche Missstände zu treffen.

❷ **Dem Text liegt ein fantastischer, gleichsam grotesker Einfall zugrunde.**
Der Autor verkehrt eine kriminelle Handlung in einen Beruf, ja sogar einen Traumberuf.

❸ **Der Begriff „Traumberuf" ist doppeldeutig. Inwiefern?**
Zum einen kann ein Beruf alle erträumten Möglichkeiten tatsächlich bieten, zum anderen ist ein Beruf mit seinen Möglichkeiten nur im Traum realisierbar.

❹ **Suche weitere doppeldeutige Wendungen aus dem Text heraus.**
„ins Geldgeschäft einsteigen"; „eine öffentlich viel beachtete Tätigkeit"; „berufliche Voraussetzungen wie praktischer Sinn, Unkompliziertheit, Initiative und Schnelligkeit"; „das Gesetz schenkt dieser Arbeit beträchtliche Aufmerksamkeit"; „die Gehaltsentwicklung hängt stark von der Eigeninitiative ab"; „bezahlt keine direkten Steuern"; „Betätigungsfelder für vielerlei Begabungen"; „ein Branchenwechsel ist gar nicht so selten"

❺ **Welche Darstellungsform wählt Klaus Stiller für seinen Text? Warum gerade diese?**
Stiller wählt als Darstellungsform einen sachlichen Bericht, der objektiv und detailliert über Aufstiegschancen und die dazu nötigen Qualifikationen informiert und den Beruf in größere wirtschaftliche Zusammenhänge stellt. Allerdings werden durch den Begriff „Bankräuber" alle Fakten und Argumente ins Groteske verschoben. Die Unwirklichkeit des Textes ist als Spiegelbild der Wirklichkeit zu verstehen.

❻ **Was meint der Verfasser mit dem letzten Abschnitt?**
Um Bankier zu werden, müsste man ein noch größerer Straftäter sein. Weil ein Bankier den erforderlichen finanziellen Hintergrund hat, ist er der größte Räuber.

❼ **Finde mit Hilfe der Beispiele unten die drei Kritikpunkte des Textes heraus.**

① Der Text kritisiert, dass für viele Menschen Geld die größte Rolle spielt.
- „einmal im Leben den großen Coup landen"
- „auf sechsstellige Summen kommen"
- „ins Geldgeschäft einsteigen"
- „besondere Verdienstmöglichkeiten"

② Der Text kritisiert das Erfolgsdenken der Menschen im Allgemeinen.
- „Aufstiegschancen"
- „führende Stellungen"
- „Sprungbrett für Tätigkeiten in anderen Branchen"
- „selber Bankier werden"

③ Der Text kritisiert auch die heutige Wirtschafts- und Berufswelt.
- „abnehmende Kaufkraft"
- „Vermögensbildung"
- „steigender Welthandel"
- „vom Kapitalertrag leben"
- „keine direkten Steuern"
- „Regeln der freien Wirtschaft"

Arbeitsblatt: Traumberuf Bankräuber (II)

Traumberuf Bankräuber
(Klaus Stiller)

❶ **An welche Adressatengruppe richtet sich die Satire?**

❷ **Kläre den Begriff „Branche".**

❸ **Der Text wird leichter verständlich, wenn Fachbegriffe aus dem Bereich des Bankwesens und der Wirtschaft bekannt sind:**

- ins Geldgeschäft einsteigen
- einen großen Coup landen
- Fragen der Vermögensbildung
- Sprungbrett für andere Branchen
- Wachstumsbranche
- Gehaltsentwicklung
- vom Kapitalertrag leben
- eine breite Palette
- Nachwuchskräfte
- in führende Stellungen aufsteigen
- Kundennähe

❹ **Kläre den Unterschied zwischen „Praktiker" und „Akademiker", wie er sinngemäß aus dem Text abzuleiten wäre.**

❺ **Formuliere ein Stellenangebot, in dem die vakante Stelle eines Bankräubers besetzt werden soll.**

„Bankräuber gesucht"

Beschreibe das Tätigkeitsfeld, die geforderten Voraussetzungen, die möglichen Aufstiegschancen und die Verdienstmöglichkeiten.

Beim Verfassen einer solchen Stellenbeschreibung werden die sprachlichen Stilmittel der Ironie, der Verkehrung ins Gegenteil besonders deutlich!

Lösungsblatt: Traumberuf Bankräuber (II)

Traumberuf Bankräuber
(Klaus Stiller)

❶ An welche Adressatengruppe richtet sich die Satire?
Klaus Stiller demaskiert in aggressivem Ton die Sprache von Stellenanzeigen, Bewerbungsschreiben und Broschüren der Berufsberatung, die von der Freiheit der Berufswahl sprechen, obwohl absolute Stellenknappheit besteht und Millionen von Menschen arbeitslos sind.

❷ Kläre den Begriff „Branche".
Wirtschafts-, Geschäftszweig

❸ Der Text wird leichter verständlich, wenn Fachbegriffe aus dem Bereich des Bankwesens und der Wirtschaft bekannt sind:

• ins Geldgeschäft einsteigen	mit Kapital versuchen, Gewinne zu erzielen
• einen großen Coup landen	ein waghalsiges Unternehmen erfolgreich abschließen
• Fragen der Vermögensbildung	Fragen, wie man möglichst sicher zu Vermögen kommen kann
• Sprungbrett für andere Branchen	in anderen Geschäftszweigen aufsteigen können
• Wachstumsbranche	Geschäftszweig, der erfolgreich ist und Gewinn bringt
• Gehaltsentwicklung	Fallen bzw. Steigen der Vergütung für die Arbeit
• vom Kapitalertrag leben	von den Zinsen seines Vermögens leben können
• eine breite Palette	ein breit gefächertes Angebot an Möglichkeiten
• Nachwuchskräfte	junge Leute, die sich Kompetenz aneignen wollen
• in führende Stellungen aufsteigen	Führungspositionen einnehmen wollen
• Kundennähe	in unmittelbarem Kontakt zu Kunden stehen

❹ Kläre den Unterschied zwischen „Praktiker" und „Akademiker", wie er sinngemäß aus dem Text abzuleiten wäre.
Praktiker: Mensch mit praktischer Arbeitsweise und Erfahrung; handwerkliche Fähigkeiten und Fertigkeiten; oft geringe Bezahlung
Akademiker: Person mit Hochschulbildung; lukrative Bezahlung; geistige, aber auch kreative Arbeit

❺ Formuliere ein Stellenangebot, in dem die vakante Stelle eines Bankräubers besetzt werden soll.

„Bankräuber gesucht"

Den Lösungsvorschlag finden Sie im Anhang auf S. 151.

Das Märchen von der Vernunft (Erich Kästner)

Lernziele
- Kennenlernen einer Satire in der verfremdeten Form eines Märchens
- Herausfinden der Gegenspieler und ihrer charakteristischen Eigenschaften
- Herausfinden der märchenhaften und satirischen Elemente des Textes
- Wissen um Kästners Kritik an weltpolitischen Herrschaftsstrukturen
- Erkennen der Aktualität des Textes

Arbeitsmittel/Medien/Literaturhinweise
- Textblatt
- Arbeitsblatt mit Lösung
- Folie (Verfasserinformation)
- Tafelbild (zerstörte Stadt)
- Folien (Bilder: Auswirkungen von Kriegen)

Tafelbild/Folien

Erich Kästner

Er wurde am 23. Februar 1899 in Dresden als Sohn der späteren Friseurin Ida Kästner (1871–1951) und des Sattlermeisters Emil Richard Kästner (1867–1957) geboren. Zu seiner Mutter hatte er Zeit ihres Lebens ein sehr enges Verhältnis: Mehr als 30 Jahre lang schrieben sie sich fast täglich Briefe. Ab 1906 besuchte er die Volksschule in Dresden und trat 1913 in das Freiherrlich von Fletscher'sche Lehrer-Seminar in Dresden ein. 1917 nahm er als Soldat am Ersten Weltkrieg teil und kehrte mit schwerem Herzleiden zurück. 1918 wurde Kästner aus dem Heeresdienst entlassen und schloss den Kurs im Strehlener Lehrerseminar ab. 1919 war er Hospitant im König-Georg-Gymnasium. Erste Gedichtveröffentlichungen in der Schülerzeitung des Gymnasiums folgten. Kästner absolvierte das Kriegsabitur und begann das Studium in Leipzig – später auch Rostock und Berlin – mit den Fächern Germanistik, Geschichte, Philosophie und Theatergeschichte. 1922 fand er neben dem Studium eine Anstellung bei der „Neuen Leipziger Zeitung". 1925 promovierte er zum Dr. phil., wurde 1927 aufgrund der Veröffentlichung eines erotisch relativ freizügigen Gedichts aus der „Neuen Leipziger Zeitung" entlassen und zog nach Berlin. Dort arbeitete er als Theaterkritiker und freier Mitarbeiter bei verschiedenen Zeitungen. Ab 1928 veröffentlichte Kästner erste Gedichtbände wie „Herz auf Taille" (1928), „Lärm im Spiegel" (1929) sowie zeitkritische, politisch-satirische Gedichte und Texte für das Kabarett, ab 1929 Kinderromane wie „Emil und die Detektive" (1929), „Pünktchen und Anton" (1931), „Der 35. Mai" (1931) und „Das fliegende Klassenzimmer" (1933). „Emil und die Detektive" gehört zu Kästners erfolgreichsten Werken, es wurde in 24 Sprachen übersetzt und verfilmt. 1933 wurden verschiedene Arbeiten von Kästner durch die Nationalsozialisten verboten und verbrannt: die Gedichtbände „Herz auf Taille", „Ein Mann gibt Auskunft" (1930), „Gesang zwischen den Stühlen" (1932) und sein satirischer Roman „Fabian" (1931). In diesen Büchern wendet sich Kästner mit treffsicherem Witz gegen spießbürgerliche Moral, Militarismus und Faschismus. Kästner wurde 1933 erstmals von der Geheimen Staatspolizei (Gestapo) verhaftet. Das wiederholte sich mehrmals, aber er wurde immer wieder freigelassen. Unter dem Pseudonym „Melchior Kurtz" schrieb Kästner 1942 das Drehbuch für den Ufa-Jubiläumsfilm „Münchhausen", erhielt dann aber totales Schreibverbot durch die Nationalsozialisten. Dennoch emigrierte er nicht. Seine Romane „Drei Männer im Schnee" (1934) und „Georg und die Zwischenfälle" (1938) konnten nur im Ausland veröffentlicht werden. Im Herbst 1945 gründete er das literarische Kabarett „Die Schaubude" in München und arbeitete als Feuilleton-Redakteur bei der „Neuen Zeitung" in München. 1947 reiste Kästner zum Internationalen PEN-Kongress in Zürich. Nach der Uraufführung des Bühnenwerks „Zu treuen Händen" wurden 1949 die Kinderbücher „Das doppelte Lottchen" und „Die Konferenz der Tiere" veröffentlicht. 1951 gründete Kästner das Kabarett „Die kleine Freiheit" in München. Von 1951 bis 1962 war Kästner Präsident des Westdeutschen PEN-Zentrums. 1956 erhielt er den Literaturpreis der Stadt München, 1957 den Georg-Büchner-Preis. Im selben Jahr wurde sein Sohn Thomas geboren, der bei seiner Mutter Fridine Siebert in Berlin aufwuchs. 1959 wurde Kästner mit dem Großen Bundesverdienstkreuz, 1970 mit dem kulturellen Ehrenpreis der Stadt München ausgezeichnet. Am 29. Juli 1974 starb Erich Kästner im Alter von 75 Jahren in München.

Stundenbild

I. Hinführung
St. Impuls	TA	Märchen
Aussprache		Merkmale von Märchen
Überleitung		L: Wir lernen eine Geschichte kennen, die auch Märchenzüge aufweist.
Zielangabe	TA	*Das Märchen von der Vernunft (Erich Kästner)*
St. Impuls	TA	Zerstörte Stadt
Vermutungen		

II. Darbietung des Textes
	Textblatt	Das Märchen von der Vernunft
L trägt vor		
Schüler lesen mit		
Aussprache		

III. Arbeit am Text
Nochmaliges Lesen

L: Wer sind die Gegenspieler in diesem Stück?

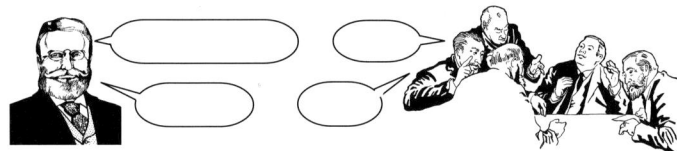

Aussprache

L: Was könnte in die Sprechblasen kommen?

Aussprache

L: Wie ändert sich das Verhalten der beiden Parteien im Laufe der Geschichte?

Aussprache

L: Wieso nimmt Kästner gerade diese Überschrift?

Aussprache

L: Finde Kennzeichen der Verfremdung und Ironie heraus, die Merkmale einer Satire sind.

Aussprache

IV. Wertung
Leitfragen

❶ Beurteile den letzten Absatz.

❷ Beurteile den Satz: „Ein langer Frieden sollte – wenigstens – so viel wert sein wie ein langer Krieg."

Folien — Folgen von Kriegen:
- Tote
- Invaliden

Aussprache

❸ Kriege sind nicht nur Folgen einer allgemeinen materiellen Unzufriedenheit. Begründe.

Aussprache

V. Sicherung
Zsf.	AB	Das Märchen von der Vernunft
Kontrolle	Folie	
Zusammenfassendes Lesen		
	Folie	Verfasserinformation: Erich Kästner
Aussprache		

Das Märchen von der Vernunft
(Erich Kästner)

Es war einmal ein netter alter Herr, der hatte die Unart, sich ab und zu vernünftige Dinge auszudenken. Das heißt, zur Unart wurde seine Gewohnheit eigentlich erst dadurch, dass er das, was er sich jeweils ausgedacht hatte, nicht für sich behielt, sondern den Fachleuten vorzutragen pflegte. Da er reich und trotz seiner plausiblen Einfälle angesehen war, mussten sie ihm, wenn auch mit knirschenden Ohren, aufs Geduldigste zuhören. Und es gibt gewiss für Fachleute keine größere Qual als die, lächelnden Gesichts einem vernünftigen Vorschlage zu lauschen. Denn die Vernunft, das weiß jeder, vereinfacht das Schwierige in einer Weise, die den Männern vom Fach nicht geheuer und somit ungeheuerlich erscheinen musste. Sie empfinden dergleichen zu Recht als einen unerlaubten Eingriff in ihre mühsam erworbenen und verteidigten Befugnisse. Was, fragt man sich mit ihnen, sollten die Ärmsten wirklich tun, wenn nicht sie herrschten, sondern statt ihrer die Vernunft regierte? Nun also! Eines Tages wurde der nette alte Herr während einer Sitzung gemeldet, an der die wichtigsten Staatsmänner der Erde teilnahmen, um, wie verlautete, die irdischen Zwiste und Nöte aus der Welt zu schaffen. „Allmächtiger!", dachten sie. „Wer weiß, was er heute mit uns und seiner dummen Vernunft wieder vorhat!" Und dann ließen sie ihn hereinbitten. Er kam, verbeugte sich ein wenig altmodisch und nahm Platz. Er lächelte. Sie lächelten. Schließlich ergriff er das Wort. „Meine Herren Staatshäupter und Staatsoberhäupter", sagte er, „ich habe, wie ich glaube, einen brauchbaren Gedanken gehabt; man hat ihn auf seine praktische Verwendbarkeit geprüft; ich möchte ihn in Ihrem Kreise vortragen. Hören Sie mir bitte zu. Sie sind es nicht mir, doch der Vernunft sind Sie's schuldig." Sie nickten, gequält lächelnd, mit ihren Staatshäuptern, und er fuhr fort: „Sie haben sich vorgenommen, Ihren Völkern Ruhe und Frieden zu sichern, und das kann zunächst und vernünftigerweise, so verschieden Ihre ökonomischen Ansichten auch sein mögen, nur bedeuten, dass Ihnen an der Zufriedenheit aller Erdbewohner gelegen ist. Oder irre ich mich in diesem Punkte?"

„Bewahre!", riefen sie. „Keineswegs! Wo denken Sie hin, netter alter Herr!" – „Wie schön!", meinte er. „Dann ist Ihr Problem gelöst. Ich beglückwünsche Sie und Ihre Völker. Fahren Sie heim und bewilligen Sie aus den Finanzen Ihrer Staaten, im Rahmen der jeweiligen Verfassung und geschlüsselt nach Vermögen, miteinander einen Betrag, den ich genauestens habe errechnen lassen und zum Schluss nennen werde! Mit dieser Summe wird Folgendes geschehen: Jede Familie in jedem Ihrer Länder erhält eine kleine, hübsche Villa mit sechs Zimmern, einem Garten und einer Garage sowie ein Auto zum Geschenk. Und da hintendrein der gedachte Betrag noch immer nicht aufgebraucht sein wird, können Sie, auch das ist kalkuliert, in jedem Ort der Erde, der mehr als fünftausend Einwohner zählt, eine neue Schule und ein modernes Krankenhaus bauen lassen. Ich beneide Sie. Denn obwohl ich nicht glaube, dass die materiellen Dinge die höchsten irdischen Güter verkörpern, bin ich vernünftig genug, um einzusehen, dass der Frieden zwischen den Völkern zuerst von der äußeren Zufriedenheit der Menschen abhängt. Wenn ich eben sagte, dass ich Sie beneide, habe ich gelogen. Ich bin glücklich." Der nette alte Herr griff in seine Brusttasche und zündete sich eine kleine Zigarre an. Die übrigen Anwesenden lächelten verzerrt. Endlich gab sich das oberste der Staatsoberhäupter einen Ruck und fragte mit heiserer Stimme: „Wie hoch ist der für Ihre Zwecke vorgesehene Betrag?" – „Für meine Zwecke?", fragte der nette alte Herr zurück, und man konnte aus seinem Ton ein leichtes Befremden heraushören. „Nun reden Sie schon!", rief das zweithöchste Staatsoberhaupt unwillig. „Wie viel Geld würde für den kleinen Scherz gebraucht?" „Eine Billion Dollar", anwortete der nette alte Herr ruhig. „Eine Milliarde hat tausend Millionen, und eine Billion hat tausend Milliarden. Es handelt sich um eine Eins mit zwölf Nullen." Dann rauchte er wieder an seiner kleinen Zigarre herum. „Sie sind wohl vollkommen blödsinnig!", schrie jemand. Auch ein Staatsoberhaupt. Der nette alte Herr setzte sich gerade und blickte den Schreier verwundert an. „Wie kommen Sie denn darauf?", fragte er. „Es handelt sich natürlich um viel Geld. Aber der letzte Krieg hat, wie die Statistik ausweist, ganz genau so viel gekostet!" Da brachen die Staatshäupter und Staatsoberhäupter in tobendes Gelächter aus. Man brüllte geradezu. Man schlug sich und einander auf die Schenkel, krähte wie am Spieß und wischte sich die Lachtränen aus den Augen. Der nette alte Herr schaute ratlos von einem zum andern. „Ich begreife Ihre Heiterkeit nicht ganz", sagte er. „Wollen Sie mir gütigst erklären, was Ihnen solchen Spaß macht? Wenn ein langer Krieg eine Billion Dollar gekostet hat, warum sollte dann ein langer Frieden nicht dasselbe wert sein? Was, um alles in der Welt, ist denn daran komisch?"

Nun lachten sie alle noch lauter. Es war ein rechtes Höllengelächter. Einer konnte es im Sitzen nicht mehr aushalten. Er sprang auf, hielt sich die schmerzenden Seiten und rief mit der letzten ihm zu Gebote stehenden Kraft: „Sie alter Schafskopf! Ein Krieg – ein Krieg ist doch etwas ganz anderes!"

Die Staatshäupter, der nette alte Herr und ihre lustige Unterhaltung sind völlig frei erfunden. Dass der Krieg eine Billion Dollar gekostet hat und was man sonst für denselben Betrag leisten könnte, soll, versichert eine in der „Frankfurter Neuen Presse" zitierte amerikanische Statistik, hingegen zutreffen.

Arbeitsblatt: Das Märchen von der Vernunft

Das Märchen von der Vernunft
(Erich Kästner)

Kästner hat dieses Stück im Jahre 1948 geschrieben, in einer Zeit also, in der die UNO als Institution einer dauerhaften Friedenssicherung zu arbeiten begann.

❶ **Wer sind die Gegenspieler in diesem Stück? Beurteile sie zu Beginn der Geschichte.**

Meine Herren Staatshäupter und Staatsoberhäupter!

Was macht Ihnen solchen Spaß?

Netter alter Herr!

Sie alter Schafskopf!

❷ **Wie ändert sich beider Verhalten im Verlauf der Geschichte?**

❸ **Weshalb heißt die Überschrift „Das Märchen von der Vernunft"?**

❹ **Beurteile den letzten Absatz.**

❺ **Wo verwendet Kästner in seiner Geschichte Elemente der Verfremdung und Ironie?**

❻ „Ein langer Frieden sollte – wenigstens – so viel wert sein wie ein langer Krieg." Was meinst du dazu?

❼ Kriege sind nicht nur die Folge einer allgemeinen materiellen Unzufriedenheit. Begründe.

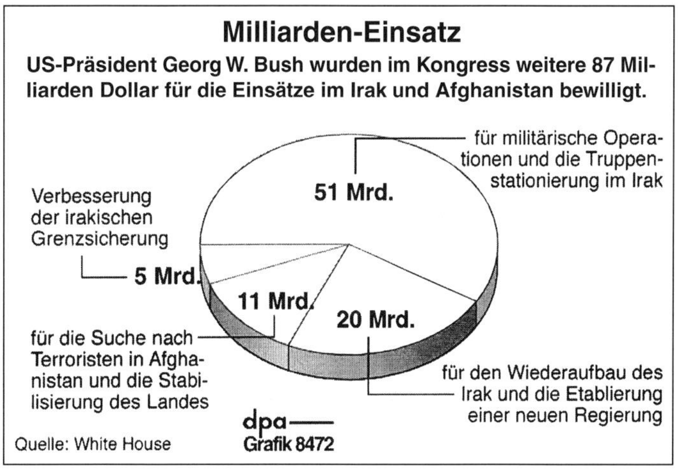

Milliarden-Einsatz

US-Präsident Georg W. Bush wurden im Kongress weitere 87 Milliarden Dollar für die Einsätze im Irak und Afghanistan bewilligt.

- 51 Mrd. — für militärische Operationen und die Truppenstationierung im Irak
- 5 Mrd. — Verbesserung der irakischen Grenzsicherung
- 11 Mrd. — für die Suche nach Terroristen in Afghanistan und die Stabilisierung des Landes
- 20 Mrd. — für den Wiederaufbau des Irak und die Etablierung einer neuen Regierung

Quelle: White House
dpa-Grafik 8472

| Lösungsblatt: Das Märchen von der Vernunft | | |

Das Märchen von der Vernunft
(Erich Kästner)

Kästner hat dieses Stück im Jahre 1948 geschrieben, in einer Zeit also, in der die UNO als Institution einer dauerhaften Friedenssicherung zu arbeiten begann.

❶ **Wer sind die Gegenspieler in diesem Stück? Beurteile sie zu Beginn der Geschichte.**

Der alte Herr, die Vernunft symbolisierend, tritt den Staatsmännern der Erde gegenüber. Er ist ruhig, überlegen, freundlich, höflich, mutig, beharrlich und einfallsreich. Die Staatsoberhäupter sind irritiert, scheinheilig, gequält, fragen mit heiserer Stimme und hören widerwillig zu.

❷ **Wie ändert sich beider Verhalten im Verlauf der Geschichte?**
Während der alte Herr immer mehr verwundert, ratlos und verwirrt ist, werden seine Gegenspieler aggressiv, wütend, beleidigend. Sie schreien und toben.

❸ **Weshalb heißt die Überschrift „Das Märchen von der Vernunft"?**
Kästner nutzt Elemente des Märchens (Held; Verfremdung) und verbindet diese mit der Satire (Übertreibung). Der in Wirklichkeit vorherrschenden Unvernunft wird die Wahrheit oder Vernunft entgegengesetzt. Vernunft in unserer Welt – nur ein Traum, ein Märchen?

❹ **Beurteile den letzten Absatz.**
Er ist ironisch und stellt den ausdrücklichen Bezug des Märchenhaften zur Realität her. Sind die Personen auch erfunden, so stimmen doch die Fakten der Kosten für Krieg und Frieden.

❺ **Wo verwendet Kästner in seiner Geschichte Elemente der Verfremdung und Ironie?**
„dumme Vernunft", „Krieg ist doch etwas ganz anderes" ⇨ Vernunft scheint nicht notwendig zu sein, wenn es um Krieg geht. Absurdes Ergebnis der Friedenskonferenz ⇨ Krieg wird ausgespart

❻ **„Ein langer Frieden sollte – wenigstens – so viel wert sein wie ein langer Krieg." Was meinst du dazu?**
Das stimmt zwar, ist aber aufgrund der Unvernunft der Mächtigen zur Zeit nicht realisierbar, vielleicht aber ein mutiger utopischer Entwurf für eine veränderbare, bessere Welt.

❼ **Kriege sind nicht nur die Folge einer allgemeinen materiellen Unzufriedenheit. Begründe.**
Weitere Antriebe: Eroberungsdrang, Rassenhass, Religionsgegensätze, erblicher Aggressionstrieb, Machtansprüche souveräner Herrscher u. a.

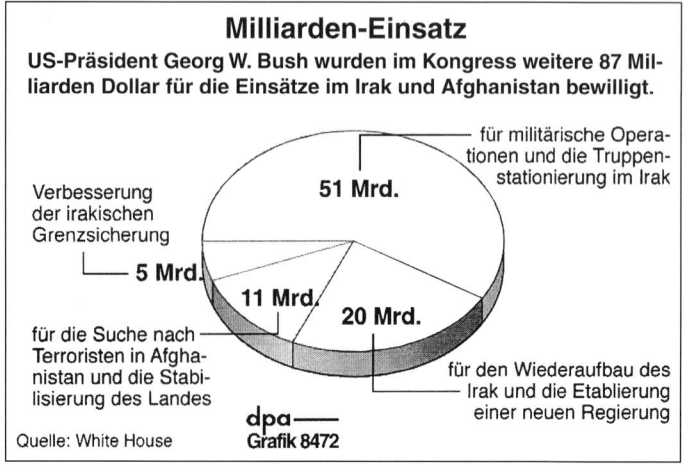

Ballade vom Ofensetzer (Günter Kunert)

Lernziele

- Kennenlernen der Parabel von Günter Kunert
- Herausfinden der sprachlichen Mittel
- Deutung auf mehreren Ebenen (Ebenen des Verhaltens, der Kunst, der Politik)
- Erkennen der grotesken Herausforderung dieser Parabel

Arbeitsmittel/Medien/Literaturhinweise

- Textblatt
- Arbeitsblatt mit Lösung
- Folie (Verfasserinformation)
- Tafelbild (Kachelofen)

Tafelbild/Folien

Günter Kunert

Der Dichter, Publizist und Essayist Günter Kunert zählt zu den vielseitigsten und produktivsten deutschen Schriftstellern der Nachkriegszeit. Sein Gesamtwerk umfasst eine Vielzahl von literarischen Formen wie Balladen, Sonette, Lyrik, Rezensionen, Reiseberichte, Feuilletons, Hörspiele, Kurzprosa, Essay, einen Roman und andere mehr. In seinen Arbeiten äußert sich der mehrfach ausgezeichnete Autor kritisch zu Themen wie Nationalsozialismus, Fortschrittsgläubigkeit oder Entfremdung.

Er wurde am 6. März 1929 in Berlin geboren, besuchte 1936 die Volksschule. Weiterbildungsmöglichkeiten ergaben sich wegen seiner jüdischen Abstammung nicht. 1943 absolvierte er eine Lehre in einem Bekleidungsgeschäft. Während des Krieges wurde er von den Nazi-Behörden für „wehrunwürdig" erklärt. 1946 begann er ein Studium der Graphik an der Hochschule für Angewandte Kunst in Berlin-Weißensee. 1948 folgten erste Publikationen von Gedichten und Geschichten für die Zeitschrift „Eulenspiegel". 1948/49 trat Kunert in die SED ein. Er wurde 1950 von Johannes R. Becher entdeckt und gefördert. 1951/52 machte Kunert die Bekanntschaft mit Bertold Brecht. Ab 1952 war er Mitarbeiter an verschiedenen Zeitschriften und schrieb Beiträge für Film, Fernsehen und Rundfunk. Seit 1965 wurde innerhalb kulturpolitischer Debatten in der DDR verstärkte Kritik an Kunert geübt. 1972/73 wurde er Visiting Associate Professor an der University of Texas in Austin/Texas. Anschließend reiste er durch die USA. Seit 1976 ist Kunert Mitglied der Akademie der Künste in Berlin. Er unterzeichnete auch die Petition gegen die Ausbürgerung von Rolf Biermann. 1977 wurde ihm die SED-Mitgliedschaft gestrichen. Seit 1979 lebt Kunert als freier Schriftsteller bei Itzehoe (Schleswig-Holstein, Kreis Steinburg). Er ist Mitglied der Deutschen Akademie für Sprache und Dichtung in Darmstadt. Kunert konnte zahlreiche Preise gewinnen, so den Johannes-R.-Becher-Preis (1973), den Georg-Mackensen-Literaturpreis (1979), die Ehrengabe des Kulturpreises im Bundesverband der Deutschen Industrie (1980), den Preis des Stadtschreibers des Frankfurter Stadtteils Bergen-Enkheim (1983), den Heinrich-Heine-Preis der Stadt Düsseldorf (1985), den Preis des Stadtschreibers der Stadt Mainz (1990), den Friedrich-Hölderlin-Preis (1991), den Ernst-Robert-Curtius-Preis für Essayistik (1991), den Hans-Sahl-Preis für sein Gesamtwerk (1996) und den Prix Aristeion der Europäischen Union für „Nachtvorstellung" (1999).

Im Carl Hanser Verlag ist erschienen (Auswahlbibliographie):
1990: Fremd daheim. Gedichte. 1991: Die letzten Indianer Europas. Kommentare zum Traum, der Leben heißt. 1992: Der Widerspruch vom Sockel. Feststellungen und Widersprüche. 1992: Im toten Winkel. Ein Hausbuch. 1994: Baum. Stein. Beton. Reisen zwischen Ober- und Unterwelt. 1996: Mein Golem. Gedichte. 1997: Erwachsenenspiele. Erinnerungen. 1999: Nachtvorstellung. Gedichte. 2002: So und nicht anders. Ausgewählte und neue Gedichte. 2004: Die Botschaft des Hotelzimmers an den Gast. Aufzeichnungen.

Stundenbild

I. Hinführung

St. Impuls	TA	Bild: Kachelofen
Aussprache		
Überleitung		L: Wir lernen eine Geschichte kennen, die auch um den Bau eines schönen Kachelofens geht.
Zielangabe	TA	*Ballade vom Ofensetzer (Günter Kunert)*
Vermutungen		

II. Darbietung des Textes

	Textblatt	Ballade vom Ofensetzer
L trägt vor		
Schüler lesen mit		
Aussprache		

III. Arbeit am Text

Nochmaliges Lesen
Stummer Impuls — Folie

Aussprache	TA	Albuin ⇔ Meister und Gesellen
		L: Was bedeutet dieses Wort?
	TA	Blasphemie = Gotteslästerung
		L: Setze die Begriffe richtig in die Kästchen ein.
St. Impuls	TA	Heuchelei – Eitelkeit – groteske Blasphemie – Verlegenheit – Unfähigkeit zur Gegenwehr – Neid – Scheinheiligkeit – realitätsfremdes Verhalten
	Folie	
Aussprache		
Impuls		L: Albuin verliert den Blick für die Realität. Erkläre.
Aussprache		
		L: Wem fällt Albuin zum Opfer?
Aussprache		
Ergebnis	TA	• Der eigenen Eitelkeit; der Unfähigkeit, sich zu wehren und sich realitätsgerecht zu verhalten
		• Dem Neid, der Heuchelei und der brutalen Rücksichtslosigkeit des Meisters und seiner Gesellen

IV. Wertung

Leitfragen		❶ Weshalb nennt Kunert sein Stück „Ballade"?
		❷ Was kritisiert Kunert, wenn es um Kunst geht?
		❸ Kunert kritisiert nicht nur die künstlerische Ebene.
Aussprache		❹ Untersuche die Sprache der grotesken Geschichte.

V. Sicherung

Zsf.	AB	Ballade vom Ofensetzer
Kontrolle	Folie	
Zusammenfassendes Lesen		
	Folie	Verfasserinformation: Günter Kunert

Ballade vom Ofensetzer
(Günter Kunert)

Wie flink seine Hände, wie elegant sein Griff in den Lehm! Wie bewundernswert die kühne Sicherheit, mit der Albuin Kachel auf Kachel fügte, welche im Geviert um ihn, den fleißigen Ofensetzer, geschwind aufsteigen, bis er Mühe hat, das Bein über eine der brüstungshohen Wände des halbfertigen Wärmeturmes zu heben und auszusteigen. Von außen dann vollendet er seine Arbeit, die darin gipfelt, dass unter einem sanft geführten Lappen der Glanz der Lasur leuchtend aufstrahlt.

Einmal verpasste er den Moment des Aussteigens, versunken ins eigene Werk, blind von Schöpfertum. Der Ofen wächst und wächst. Und als Albuin die Platte zu seinen Häupten einsetzt und überraschend Dunkelheit ihn umfängt, da erst erlischt der Schaffensrausch, da erst merkt der Ofensetzer, was ihm geschehen ist.

Schon klingen draußen Schritte auf: Der Meister mit einigen Gesellen steht vor Albuins Werk, das sie neidvoll bewundern, wie der Gefangene hört: Was für ein herrlicher Ofen! Über alle Maßen maßgerecht gefügt! Beim bloßen Anschauen wird einem warm ums Herz!

Albuin geniert sich, seine Anwesenheit innerhalb der eigenen Schöpfung laut werden zu lassen, doch die anderen entdecken ihn sogleich, als einer probehalber die Feuerklappe öffnet.

Die Stimmen schweigen. Endlich ruft ihn der Meister an, traurigen Tones und kläglich fragend, was nun eigentlich werden solle? Albuin will antworten, da beginnen die Gesellen, laut und eindringlich diesen außerordentlich gelungenen Hitzespender zu preisen – wahrscheinlich Albuins bestes Stück, das er kaum werde übertreffen können. Solle man dieses etwa abreißen?

Die Huldigung verklebt Albuin die Lippen. Ehe er sie aufbekommt, wird draußen bereits gefragt, ob er denn nicht die Menschen liebe: im Allgemeinen und im Besonderen jene, die morgen in diese Wohnung hier einzögen und die ein augenblicklicher Ofenabriss dem Frost auslieferte und damit Krankheit, Not und Tod.

So ist es! dröhnt die Stimme des Meisters: Genauso ist es! Willst du das, Albuin? Bist du so einer, der das will?!

Bevor Albuin eine Erwiderung einfällt, kniet der Meister vor dem Ofen und flüstert ins Feuerloch: Ob Albuin außerdem die Schande bedenke, falls bekannt würde, die Ofensetzer seien derart unfähig, dass sie wieder zerstörten, was sie eben erst errichtet? Die Gilde könne sofort die Stadt verlassen. Hier gäbe es keine Arbeit mehr für sie. Willst du das, Albuin?

Während Albuin noch überlegt, was er nun wirklich wolle und ob er tatsächlich so einer sei, wie man draußen fürchtet, fühlt er, wie sich Knüllpapier um seine Knöchel häuft. Holzstücke schieben sich kratzend zwischen Hosenbein und Haut. Das Raunen außerhalb der dämpfenden Kachel erhebt sich zum schallenden Lob Albuins, des großen Ofensetzers, des uneigennützigen, dessen eigene Kehle dagegen nicht aufkommt. Dieses und jenes zusammen übertönen das schwache Schnappen eines Feuerzeuges, das helle Knistern und alles Weitere, das nicht ahnt, wer in diesem Zimmer hausen wird, gut gewärmt und fröhlich gestimmt durch das anheimelnde Geräusch, welches ein kräftig flackerndes Feuer hervorbringt.

aus: Günter Kunert: Tagträume in Berlin und andernorts. Kleine Prosa, Erzählungen, Aufsätze.
© 1972 Carl Hanser Verlag München-Wien.

Arbeitsblatt: Ballade vom Ofensetzer

Ballade vom Ofensetzer
(Günter Kunert)

❶ Gib kurz den Inhalt der Geschichte wieder.

❷ Die Interaktionen zwischen Albuin auf der einen Seite und dem Meister und den Gesellen auf der anderen Seite führen in die Katastrophe. Setze die Begriffe unten passend in die Kästchen.

Heuchelei – Eitelkeit – groteske Blasphemie – Verlegenheit – Unfähigkeit zur Gegenwehr – Neid – Scheinheiligkeit – realitätsfremdes Verhalten

❸ Welche sprachlichen Mittel verwendet Kunert? Gib einige Beispiele.

❹ Albuin ist ein Künstler, der den Blick für die Wirklichkeit verliert. Erkläre diese Aussage am Text.

❺ Was kritisiert Kunert, wenn es um Kunst geht?

❻ Welche Kritik übt Kunert, wenn man seine Parabel auf die politische Ebene transponiert?

Lösungsblatt: Ballade vom Ofensetzer

Ballade vom Ofensetzer
(Günter Kunert)

❶ **Gib kurz den Inhalt der Geschichte wieder.**
Albuin mauert sich in seinen kunstvoll geschaffenen Ofen ein. Meister und Gesellen außerhalb beschwören ihn, sein Werk nicht zu zerstören. Da Albuin unfähig ist, sich zu wehren, wird er verbrannt.

❷ **Die Interaktionen zwischen Albuin auf der einen Seite und dem Meister und den Gesellen auf der anderen Seite führen in die Katastrophe. Setze die Begriffe unten passend in die Kästchen.**

Heuchelei – Eitelkeit – groteske Blasphemie – Verlegenheit – Unfähigkeit zur Gegenwehr – Neid – Scheinheiligkeit – realitätsfremdes Verhalten

Albuin	Meister/Gesellen
Verlegenheit	Neid
Eitelkeit	Heuchelei
realitätsfremdes Verhalten	Scheinheiligkeit
Unfähigkeit zur Gegenwehr	groteske Blasphemie

❸ **Welche sprachlichen Mittel verwendet Kunert? Gib einige Beispiele.**
Der ganze Text ist von Ironie durchzogen. Aus ihr leiten sich Wortwahl, Satzdehnung und Inversion („Von außen dann vollendet er...“), Wiederholungen, Ausrufe und Fragen, die zumeist indirekt formuliert werden („Solle man dieses etwa abreißen?") ab. Nur in den zwei Zuspitzungspunkten erscheint die wörtliche Rede („Willst du das, Albuin?").

❹ **Albuin ist ein Künstler, der den Blick für die Wirklichkeit verliert. Erkläre diese Aussage am Text.**
Weil Albuin den Blick für die Realität verliert, schließt er sich in seinem Schaffensdrang in sein Kunstwerk ein. Durch diesen Schaffensrausch ist das Schöpertum blind und wirklichkeitsfern. Kunst sollte aber realitätsbezogen sein.

❺ **Was kritisiert Kunert, wenn es um Kunst geht?**
Kunert lehnt die Kunstauffassung ab, die Kunst nur um ihrer selbst willen sieht. Ihm sind die Eigenständigkeit der Kunst und ihre provozierende gesellschaftskritische Funktion suspekt.

❻ **Welche Kritik übt Kunert, wenn man seine Parabel auf die politische Ebene transponiert?**
Kunerts Kritik zielt ganz allgemein auf all diejenigen, die meinen, sich blind in ihrem Staat und ihrem Gesellschaftssystem einmauern zu müssen.

Die politische Karikatur – Satire in gezeichneter Form

Lernziele
- Wissen um die Definition „Karikatur"
- Wissen um den Aufbau einer Karikatur
- Kenntnis der Zielsetzung von Karikaturen
- Wissen um wichtige Karikaturisten im deutschsprachigen Raum
- Interpretation verschiedener Karikaturen

Arbeitsmittel / Medien / Literaturhinweise
- Arbeitsblatt mit Lösung
- Informationsblatt (Definition „Karikatur", Merkmale, Typen)
- Folie (Karikaturen)
- Folie (Karikaturisten)
- Folie (Definition „Karikatur")

Tafelbild/Folien

Definition:
Der Begriff „Karikatur" stammt von dem italienischen Wort „caricare" ab und heißt „überladen, übertreiben". Eine Karikatur ist das Zerrbild einer Person oder eines Sachverhaltes. Durch eine übertreibende, oft überraschende Darstellung von typischen, aber auch individuellen Zügen wird eine Verspottung, Entlarvung und Kritik erreicht. Eine Karikatur ist die Fachbezeichnung der bildenden Kunst für grafische Darstellungsformen.

Bekannte Karikaturisten:

Horst Haitzinger
Er wurde 1939 in Eferding/Oberösterreich geboren. 1953 bis 1957 Studium der Gebrauchs- und Werbegrafik an der Kunstgewerbeschule in Linz. Anschließend sechsjähriges Studium der Malerei und Grafik an der Münchener Akademie der Bildenden Künste. Seit 1963 arbeitet der Wahl-Münchner als freischaffender Karikaturist. Seit 1968 Hauskarikaturist der Münchener Tageszeitung „tz". Darüber hinaus freie Mitarbeit bei vielen Zeitungen und Zeitschriften im deutschsprachigen Raum. Seit 1972 veröffentlicht Haitzinger seine Karikaturen zudem in jährlich erscheinenden Sammelbänden. Zahlreiche Ausstellungen und Auszeichnungen.

Dieter Hanitzsch
Er wurde 1933 in Schönlinde/Nordböhmen geboren. Studium zum Brauerei-Ingenieur und zum Diplom-Kaufmann in München. 1964 bis 1985 Wirtschaftsjournalist beim Bayerischen Fernsehen. Schon während des Studiums Veröffentlichung von Karikaturen u. a. in der „Süddeutschen Zeitung". 1980 bis 1992 Hauskarikaturist der Illustrierten „Quick". Politischer Karikaturist der „Süddeutschen Zeitung", des „Generalanzeigers", und der „Berliner Morgenpost".

Walter Hanel
Walter Hanel wurde 1930 in Teplitz-Schönau/Böhmen geboren. 1950 bis 1959 Ausbildung in Köln als Grafiker. Erste Veröffentlichungen im „Simplizissimus" und der Zeitschrift „DM". Er ist einem großen Publikum vertraut durch seine politischen Karikaturen in der „Frankfurter Allgemeinen Zeitung", dem „Kölner Stadtanzeiger", dem „Rheinischen Merkur", dem „Spiegel" und ausländischen Zeitungen. Er erhielt viele Preise und Auszeichnungen.

Luff
Luff (eigentlich Rolf Henn) wurde 1956 in Idar-Oberstein geboren. Nach Lehramtsstudium und Referendariat als Kunsterzieher arbeitete er als Allroundgestalter. Seit 1987 zeichnet er politische Karikaturen für die „Mainzer Zeitung", später auch für die „Stuttgarter Zeitung". Mittlerweile veröffentlicht er u. a. regelmäßig in der „Hannoverschen Allgemeinen", der „Westfälischen Rundschau", der „Neuen Presse" und der „Augsburger Allgemeinen".

Stundenbild

I. Hinführung
St. Impuls   Folie   Karikatur ① *„Regierung in Aufbruchsstimmung"*
Kurze Aussprache
Überleitung   L: Wir lernen heute kennen, was Karikaturen sind, welche Merkmale sie aufweisen und welche Typen es davon gibt. Dabei beschränken wir uns auf politische Karikaturen.

Zielangabe   TA   *Die politische Karikatur – Satire in gezeichneter Form*

II. Erarbeitung
           Folie   Karikatur ② *„Na schön, das wars dann mal wieder!"*

Aussprache   L: Was ist eine Karikatur?

Aussprache
Zsf.   Folie   Definition „Karikatur"
     Informationsblatt
- Definition
- Merkmale
- Typen

Erlesen
Aussprache
Ergebnis   Es müssen die politischen, sozialen, wirtschaftlichen oder kulturellen Zusammenhänge und Hintergründe, die in einer Karikatur angesprochen werden, bekannt sein, um die Karikatur verstehen zu können.

     Folie   Drei Karikaturen (Umwelt / Wahl / Gesundheitsreform)
Aussprache

III. Wertung
Fragen zum Verständnis einer Karikatur

❶ Wird die Aussage der Karikatur präzise vermittelt?
❷ Sind die darstellerischen Mittel (Verzerrung, Symbolik) geeignet, die Ziele zu erreichen?
❸ Welche Ziele verfolgt der Karikaturist?
❹ Passen Bild und Text zusammen? Ist der Text treffsicher?
❺ Wirkt die Karikatur witzig, boshaft, komisch, beleidigend? Ist sie seriös oder demagogisch?
❻ Gibt es sachliche Fehler in der Karikatur, die die Darstellungsleistung schmälern?
❼ Ist die Karikatur überzeugend?

Aussprache

IV. Sicherung
Zsf.   AB   Die politische Karikatur – Satire in gezeichneter Form
Kontrolle   Folie

     Folie   Bekannte Karikaturisten

Aussprache
           Weitere Karikaturisten: Jürgen Tomicek, Jupp Wolter

V. Hausaufgabe
- Drei Karikaturen aus Zeitungen ausschneiden
- Erklärung kurz in Stichpunkten

Arbeitsblatt: Die politische Karikatur

Die politische Karikatur – Satire in gezeichneter Form

❶ Definition „Karikatur":

_____
_____
_____
_____
_____
_____
_____
_____
_____

❷ Der Karikaturist übertreibt, verkürzt und ironisiert ein Thema. Daher bedarf es der Interpretation und Analyse, um die Aussage zu entschlüsseln. Dabei helfen dir folgende Fragen:

① _____ ist zu sehen? (Beschreibung)

② _____ sind die handelnden _____ (z. B. Politiker) oder dargestellten _____?

③ Was bzw. wen symbolisieren die einzelnen Bildelemente?

④ Wie lautet die _____ der Karikatur?

⑤ Welche _____ vertritt der Verfasser der Karikatur?

⑥ Welche _____ vertrittst du zu dieser Problemstellung?

❸ Man versteht eine politische Karikatur nur, wenn man

① _____
② _____
③ _____

❹ Welche Aussagen treffen die beiden Karikaturen oben und unten?

Karikatur ①

_____
_____
_____
_____
_____

Karikatur ②

_____
_____
_____
_____
_____
_____
_____

„Na schön, das wars dann mal wieder!"

Lösungsblatt: Die politische Karikatur

Die politische Karikatur – Satire in gezeichneter Form

❶ **Definition „Karikatur":**
Der Begriff „Karikatur" stammt von dem italienischen Wort „caricare" ab und heißt „überladen, übertreiben". Eine Karikatur ist das Zerrbild einer Person oder eines Sachverhaltes. Durch eine übertreibende, oft überraschende Darstellung von typischen, aber auch individuellen Zügen werden Verspottung, Entlarvung und Kritik erreicht.

❷ Der Karikaturist übertreibt, verkürzt und ironisiert ein Thema. Daher bedarf es der Interpretation und Analyse, um die Aussage zu entschlüsseln. Dabei helfen dir folgende Fragen:

① __Was__ ist zu sehen? (Beschreibung)
② __Wer__ sind die handelnden __Personen__ (z. B. Politiker) oder dargestellten __Gegenstände__?
③ Was bzw. wen symbolisieren die einzelnen Bildelemente?
④ Wie lautet die __Aussage__ der Karikatur?
⑤ Welche __Meinung__ vertritt der Verfasser der Karikatur?
⑥ Welche __Auffassung__ vertrittst du zu dieser Problemstellung?

❸ Man versteht eine politische Karikatur nur, wenn man
① genau hinsieht und auch Details erkennt.
② den Zusammenhang zwischen Bild und Text erkennt.
③ über das notwendige Hintergrundwissen verfügt.

❹ Welche Aussagen treffen die beiden Karikaturen oben und unten?

Karikatur ①
Das Wort „Aufbruch" hat zwei Bedeutungsebenen. Zum einen bedeutet es, dass die Regierung neue Signale setzen will, dass vielleicht bessere Zeiten anbrechen. Der Bundesbürger nimmt „Aufbruchsstimmung" wörtlich und glaubt, dass die Regierung an sein mühsam erspartes Geld will, was ja nicht von der Hand zu weisen ist.

Karikatur ②
Die ursprügliche Idee der Olympiade als Völker verbindenes Ereignis, um sich im fairen sportlichen Wettkampf zu messen, gilt schon lange nicht mehr. Doping und Profitgier verfälschen das Bild. Die Olympiade ist nichts mehr wert, was die erloschene Flamme und der im Kanal verschwundene Läufer symbolisieren.

„Na schön, das wars dann mal wieder!"

Begriffserklärung „Karikatur"

Das Wort „Karikatur" leitet sich vom italienischen Verb „caricare" (beladen) bzw. von „caricatura", einem Fachwort der Malerei ab, das „Überladung, Übertreibung" bedeutet. Es wird in der zweiten Hälfte des 18. Jahrhunderts in die deutsche Sprache aufgenommen und ersetzt sukzessive die deutschen Begriffe „Spottbild" und „Zerrbild". Diese beiden Begriffe haben unterschiedliche Bedeutungen und Traditionslinien:
Meinte das **Zerrbild** eine überladene und zugespitzte Darstellung eher individueller Personen und ihrer Eigenschaften, so richtete sich das **Spottbild** direkt gegen bestimmte Gruppen, Institutionen in einer eher typisierenden Form mit dem Ziel, das Dargestellte zu schmähen, bloßzustellen, zu verunglimpfen.
Beide Linien sind im Begriff „Karikatur" zusammengeflossen.

Merkmale einer Karikatur

Karikaturen sind folgende Merkmale zu Eigen, die sich aus den genannten Traditionslinien ergeben:

❶ Ein zentrales Merkmal ist die kritische Grundhaltung von Karikaturen gegenüber dem darzustellenden Sachverhalt. Dieser wird hierdurch problematisiert und somit kritisch begutachtet. Ziel ist es, eine „zentrale (subjektive) Wahrheit" zugespitzt und nicht etwa ausgewogen herauszustellen.

❷ Hieraus erwächst ein weiteres Merkmal. Die Karikatur ist parteiisch. Subjektive Absichten werden mit ihr deutlich artikuliert. Hierdurch wird der Betrachter provoziert, seine Zustimmung oder Ablehnung eingefordert.

❸ Jede Karikatur weist das Mittel der Verfremdung auf. Das heißt, das ins Auge gefasste politische Handlungsfeld mit dem ihm eigenen sachlichen oder moralischen Problem wird in ein anderes allgemein bekanntes und vertrautes Handlungsfeld übertragen, bleibt aber in diesem erkennbar. Das Ziel der Verfremdung ist es, den dargestellten Sachverhalt neu und intensiv dem Betrachter darzulegen.

❹ Viele, nicht aber alle Karikaturen weisen die Übertreibung als wichtiges Stilmittel auf, mit der das Anliegen verdeutlicht werden soll. Diese Übertreibung wird dadurch erzielt, dass der Sachverhalt ironisch-satirisch verzerrt wird. Nicht selten wird hierdurch auch Komik erzielt, wodurch Gelächter, aber auch Nachdenklichkeit beim zeitgenössischen Betrachter ausgelöst werden soll.

❺ Ebenfalls häufig tritt die Verknüpfung von Bild und Text auf, die beide erst zusammen betrachtet den zündenden Gedanken freilegen.

Viele Karikaturen stellen ihren Sachverhalt nicht vorurteilsfrei dar. Diese Schwäche ergibt sich aus ihrer Knappheit und aus der häufigen Verwendung von Klischees. Dieser Undifferenziertheit steht als Stärke allerdings gegenüber, dass sich die Aussage einer Karikatur auf das Wesentliche des Sachverhalts konzentriert, somit der Kern des Problems freigelegt wird.

Typen der Karikatur

Im Hinblick auf die **formale Darstellung** lassen sich drei Typen unterscheiden, die allerdings auch als Mischformen auftreten können.

❶ Zum einen ist die seltenere apersonale Sachkarikatur zu nennen. Bei diesem Typus fehlen personale Darstellungen, stattdessen wird das zu karikierende Problem mittels Sachen und Gegenständen dargestellt; so ist die Waage ein verwendetes Symbol bei Problemen der Rechtsprechung und bei Fragen der Gerechtigkeit. Diese Dinge werden dann vom Betrachter auf konkrete Ereignisse oder Personen gedanklich übertragen.

❷ Häufiger tritt die personale Typenkarikatur auf, in der Staaten, Gruppen, Völker auf einen Individualtypus reduziert werden. Der deutsche Michel und die französische Marianne sind markante Beispiele.

❸ Die personale Individualkarikatur ist die verbreitetste Form dieses Quellentypus. Individuelle Körpermerkmale etwa von berühmten Politikern werden verfremdet, Gestik und Mimik in Beziehung zu dem dargestellten Sachverhalt gebracht. Der Erkennungswert ist hoch, zeichnerische oder sprachliche Erklärungen erübrigen sich meistens.

Inhaltlich lassen sich ebenfalls drei Kategorien von Karikaturen unterscheiden.

❶ Zum einen gibt es die Ereigniskarikatur, die sich konkret auf ein bestimmtes Geschehen konzentriert. Diese Form ist die häufigste, da viele Tagesereignisse hier ihre Verarbeitung finden.

❷ Die Prozesskarikatur dagegen stellt einen längeren Vorgang bzw. eine Entwicklung dar. So wird etwa der Aufstieg und Fall Napoleons oder anderer Herrscher bildlich gerafft und kommentiert.

❸ Die Zustandskarikatur nimmt eher dauerhafte Strukturen ins Blickfeld. Hierdurch werden vor allem Herrschaftsstrukturen, Wirtschafts- und Gesellschaftsordnungen unter die Lupe genommen.

Der Weise spricht!

Februar 1992:
Der Zustand der osteuropäischen Kernkraftwerke entpuppt sich als noch katastrophaler als bereits angenommen.

März 1983:
Das Wahlverhalten des Bundesbürgers

Chirurgie Dr. Rürup

April 2003:
Die Rürup-Kommission empfiehlt drastische Kürzungen im Gesundheitswesen.

Herrn K.s Lieblingstier / Freundschaftsdienste (Bertolt Brecht)

Lernziele
- Kennenlernen von zwei Keuner-Geschichten von Bertolt Brecht
- Herausfinden der Struktur dieser Parabeln
- Erkenntnis, dass Brechts Keuner-Geschichten oft befremdend und widersprüchlich sind
- Wissen um die Absicht Brechts, beim Leser eine fragende und kritische Haltung hervorzurufen
- Kennenlernen der Biographie von Bertolt Brecht

Arbeitsmittel / Medien / Literaturhinweise
- Textblatt
- Arbeitsblatt mit Lösung
- Folie (Beschreibung: Elefant)
- Folie (Lebensbild Brecht)

Tafelbild/Folien

Der Elefant – unser größtes (noch) lebendes Landsäugetier

Der Elefant ist ein „Symboltier" Afrikas. Das Gewicht eines erwachsenen Tieres liegt zwischen 4 Tonnen bei Kühen und 7,5 Tonnen bei Bullen. Die Schulterhöhe beträgt 2,2 bis 4 Meter. In Elefantengruppen herrscht Ordnung. Weibliche Tiere schließen sich zu Familienverbänden mit Müttern und Kindern zusammen. Sie bleiben normalerweise ihr ganzes Leben lang in diesem Verband, den eine erwachsene Leitkuh anführt. Bis zu 100 Kühe und Jungtiere kann ein Sippenverband zählen. Geschlechtsreife Bullen – ca. 12 bis 15 Jahre alt – werden aus der Herde vertrieben und schließen sich mit anderen Männchen zusammen. Sie suchen die Weibchenherde nur dann wieder auf, wenn sie die Paarungsbereitschaft der Kühe testen wollen. Die Tragzeit des Elefanten dauert 22 Monate. Meist wird nur ein etwa 110 Kilo schweres Junges geboren, das mindestens zwei Jahre lang gesäugt wird. Der Geburtenabstand beträgt fünf Jahre. Sehr ausgeprägt – fast menschlich – ist das Sozialverhalten der Elefanten: Sie helfen einander bei der Geburt, „Ammen" adoptieren Waisen, kranke und verwundete Tiere werden von der Herde betreut, sterbende Tiere nicht alleine gelassen. Das tote Tier wird mit Zweigen und Erde bedeckt. Theoretisch kann ein Elefant 40 bis 70 Jahre alt werden. Theoretisch.

Stundenbild

I. Hinführung

St. Impuls	Folie	Bild: Elefant
Aussprache		
	Folie	Text: Der Elefant – unser größtes (noch) lebendes Landsäugetier
Aussprache		
Überleitung		L: Wir lernen zwei Geschichten kennen. In der ersten wird ein Elefant beschrieben.
Zielangabe	TA	*Herrn K.s Lieblingstier (Bertolt Brecht)*
Lehrerinformation		Brecht schuf die Figur des „Denkenden", der „Keuner" genannt wurde. Aus dem Griechischen „koinos", „das Allgemeine, alles Betreffende", oder aus dem Englischen „coiner", „Präger". Keuner prägt Fragen und Verhaltensweisen.

II. Darbietung des Textes

	Textblatt	① Herrn K.s Lieblingstier
L trägt erste Geschichte vor		
Schüler lesen mit		
Aussprache		

III. Arbeit am Text

Arbeitsaufgabe — L: Finde die 15 Gegensatzpaare heraus, die den Elefanten kennzeichnen.

Gruppenarbeit
Zsf. Gr.berichte

1) List ⇔ Stärke
2) breite Spur ⇔ gutmütig, versteht Spaß
3) guter Freund ⇔ guter Feind
4) sehr groß und schwer ⇔ sehr schnell
5) enormer Körper ⇔ die kleinsten Speisen
6) (große) Ohren ⇔ hört nur, was ihm passt
7) wird sehr alt ⇔ ist gesellig
8) beliebt ⇔ gefürchtet
9) gewisse Komik ⇔ Verehrung
10) dicke Haut ⇔ zartes Gemüt
11) kann traurig werden ⇔ kann zornig werden
12) tanzt ⇔ stirbt allein
13) liebt Kinder ⇔ grau, fällt nicht auf
14) nicht essbar ⇔ kann gut arbeiten
15) trinkt gerne ⇔ tut etwas für die Kunst (Ironie)

IV. Wertung

Leitfrage	Was kann uns die Parabel von Brecht lehren?
Aussprache	

V. Sicherung

Zsf.	AB	Geschichten von Herrn Keuner ① Herrn K.s Lieblingstier
Kontrolle	Folie	
	Informationsblatt	Verfasserinformation: Bertolt Brecht

VI. Hausaufgabe

Lesen der zweiten Geschichte	Textblatt	② Freundschaftsdienste
	AB	Geschichten von Herrn Keuner ② Freundschaftsdienste
Kontrolle	Folie	

Geschichten von Herrn Keuner
(Bertolt Brecht)

Herrn K.s Lieblingstier

Als Herr K. gefragt wurde, welches Tier er vor allen schätze, nannte er den Elefanten und begründete dies so: Der Elefant vereint List mit Stärke. Das ist nicht die kümmerliche List, die ausreicht, einer Nachstellung zu entgehen oder ein Essen zu ergattern, indem man nicht auffällt, sondern die List, welcher die Stärke für große Unternehmungen zur Verfügung steht. Wo dieses Tier war, führt eine breite Spur. Dennoch ist es gutmütig, es versteht Spaß. Es ist ein guter Freund, wie es ein guter Feind ist. Sehr groß und schwer, ist es doch auch sehr schnell. Sein Rüssel führt einem enormen Körper auch die kleinsten Speisen zu, auch Nüsse. Seine Ohren sind verstellbar: Er hört nur, was ihm passt. Er wird auch sehr alt. Er ist auch gesellig, und dies nicht nur zu Elefanten. Überall ist er sowohl beliebt als auch gefürchtet. Eine gewisse Komik macht es möglich, daß er sogar verehrt werden kann. Er hat eine dicke Haut, darin zerbrechen die Messer. Aber sein Gemüt ist zart. Er kann traurig werden. Er kann zornig werden. Er tanzt gern. Er stirbt im Dickicht. Er liebt Kinder und andere kleine Tiere. Er ist grau und fällt nur durch seine Masse auf. Er ist nicht eßbar. Er kann gut arbeiten. Er trinkt gern und wird fröhlich. Er tut etwas für die Kunst: Er liefert Elfenbein.

Freundschaftsdienste

Als Beispiel für die richtige Art, Freunden einen Dienst zu erweisen, gab Herr Keuner folgende Geschichte zum besten. „Zu einem alten Araber kamen drei junge Leute und sagten ihm: ‚Unser Vater ist gestorben. Er hat uns siebzehn Kamele hinterlassen und im Testament verfügt, dass der Älteste die Hälfte, der Zweite ein drittel und der jüngste ein neuntel der Kamele bekommen soll. Jetzt können wir uns über die Teilung nicht einigen. Übernimm du die Entscheidung!' Der Araber dachte nach und sagte: ‚Wie ich es sehe, habt ihr, um gut teilen zu können, ein Kamel zu wenig. Ich habe selbst nur ein einziges Kamel, aber es steht euch zur Verfügung. Nehmt es und teilt dann, und bringt mir nur, was übrigbleibt.' Sie bedankten sich für diesen Freundschaftsdienst, nahmen das Kamel mit und teilten die achtzehn Kamele nun so, daß der Älteste die Hälfte, das sind neun, der Zweite ein drittel, das sind sechs, und der jüngste ein neuntel, das sind zwei Kamele bekam. Zu ihrem Erstaunen blieb, als sie ihre Kamele zur Seite geführt hatten, ein Kamel übrig. Dieses brachten sie, ihren Dank erneuernd, ihrem alten Freund zurück."
Herr K. nannte diesen Freundschaftsdienst richtig, weil er keine besonderen Opfer verlangte.

Bertolt Brecht

Am 10. Februar 1898 wurde Bertolt Brecht als als Sohn des kaufmännischen Angestellten Berthold Brecht und dessen Frau Sophie (geb. Brezing) in Augsburg geboren. 1916 machte er die Bekanntschaft mit Paula Banholzer. Nach einem Notabitur 1917 schrieb er sich an der Universität München für Medizin und Naturwissenschaften ein. Brecht nahm dieses Studium allerdings nie ernsthaft auf, da er in erster Linie literarisch arbeiten wollte. Am 1. Oktober 1918 wurde Brecht als Lazarettsoldat eingezogen, im November 1918 war er Mitglied des Augsburger Arbeiter- und Soldatenrates. Am 30. Juli 1919 erfolgte die Geburt von Brechts und Banholzers Sohn. Am 29. September 1922 wurde das kritisch engagierte, linksorientierte Stück „Trommeln in der Nacht" in München uraufgeführt. Die Buchausgabe seines ersten Dramas „Baal" erschien. Es lag bereits seit zwei Jahren vor, wurde jedoch vom Verlag nicht gedruckt, da ein Verbot befürchtet wurde. Am 3. November 1922 heiratete Brecht die Opernsängerin Marianne Zoff. Aus der Ehe ging eine Tochter hervor. Bei der Premiere von „Trommeln in der Nacht" in Berlin lernte Brecht Helene Weigel kennen. 1924 siedelte er nach Berlin über, wo er zusammen mit Carl Zuckmayer als Dramaturg für Max Reinhardt am Deutschen Theater tätig war. In so genannten Lehrstücken erläuterte Brecht ab 1926 auf der Grundlage des Marxismus' gesellschaftliche Missstände. Obwohl er mit den revolutionären Zielen der Kommunisten sympathisierte, wurde er nie Mitglied der Kommunistischen Partei Deutschlands (KPD). Am 3. November 1926 erfolgte die Geburt des Sohns von Brecht und Weigel, die er am 10. April 1929 nach der Geburt eines weiteren Kindes heiratete. 1927 ließ sich Brecht von seiner ersten Frau scheiden. 1928 erfolgte gemeinsam mit Kurt Weill die Bearbeitung der „Beggar's Opera" mit einer völligen Umgestaltung des Stücks, das als „Dreigroschenoper" im Theater am Schiffbauerdamm in Berlin mit großem Erfolg uraufgeführt wurde. Die „Dreigroschenoper" kann als erstes Stück des so genannten epischen Theaters angesehen werden. Brecht strebte nicht mehr die Identifikation der Zuschauer mit seinen Heldinnen und Helden an, sondern eine kritische Distanz, die er durch Verfremdung erzielen wollte. Die Uraufführung der Oper „Aufstieg und Fall der Stadt Mahagonny" 1930 in Leipzig endete als Theaterskandal. 1931 erfolgte die Uraufführung des Films „Die Dreigroschenoper". Brecht arbeitete am Drehbuch zu dem Film „Kuhle Wampe oder: Wem gehört die Welt?", der die Probleme des Proletariats zeigt. 1932 verbot die Filmprüfstelle in Berlin den Film wegen kommunistischer Agitation. Er konnte aber nach großem öffentlichen Protest in einer entschärften Fassung doch noch uraufgeführt werden. Am 28. Februar 1933, einen Tag nach dem Reichstagsbrand, verließ Brecht mit seiner Familie Deutschland und begab sich über Prag nach Wien, in die Schweiz und schließlich nach Dänemark. Während des Exils entstanden viele seiner Gedichte, die fast ausschließlich dem antifaschistischen Kampf gewidmet waren. Er arbeitete dabei eng mit Walter Benjamin und Hanns Eisler zusammen. 1935 wurde Brecht die deutsche Staatsbürgerschaft aberkannt. Im selben Jahr nahm er am Ersten Internationalen Schriftstellerkongress in Paris teil. Am 16. Oktober 1937 wurde „Die Gewehre der Frau Carrar" in Paris mit Weigel als Carrar uraufgeführt. Im Mai 1939 ließ sich Brecht wegen der Kriegsgefahr in Schweden, nach dem Einmarsch der deutschen Truppen in Dänemark und Norwegen in Finnland nieder. Am 19. April 1941 erfolgte die Uraufführung von „Mutter Courage und ihre Kinder" in Zürich mit Therese Giehse (1898–1975) in der Hauptrolle. Im selben Jahr emigrierte er in die USA. Das Stück „Der aufhaltsame Aufstieg des Arturo Ui" entstand. 1943 traf Brecht in New York mit vielen emigrierten Intellektuellen zusammen. Er wurde Mitglied beim „Council for a Democratic Germany". Brechts und Banholzers Sohn fiel als deutscher Soldat an der Ostfront. Nach Abwurf der Atombomben über Hiroshima und Nagasaki 1945 änderte Brecht die Konzeption für „Galileo Galilei". In der ersten, dänischen Fassung stellte Galilei den unabhängigen Wissenschaftler dar. In der zweiten, amerikanischen Fassung wird sein Forschertum durch politisches Versagen zu einem rücksichtslosen Laster, das nur den Machthabern dient. In der dritten, Berliner Fassung 1956 beklagt Galilei seine Verantwortungslosigkeit. Die Aufführung von „Galileo Galilei" erfolgte 1947 in Beverly Hills. Nach der Vorladung vor das Komitee für unamerikanische Tätigkeit in Washington reiste Brecht sofort aus den USA in die Schweiz ab. Am 11. Januar 1949 fand die Premiere einer überarbeiteten Version von „Mutter Courage und ihre Kinder" in Berlin mit Helene Weigel als Courage statt. Brecht engagierte Schauspieler für ein eigenes Ensemble, mit dessen Gründung Weigel beauftragt wurde. Brecht siedelte nach Ost-Berlin über, wo sich am 12. November das „Berliner Ensemble" mit „Herr Puntila und sein Knecht Matti" erstmals der Öffentlichkeit vorstellte. Brecht leitete als Erster Spielleiter des Theaters die künstlerische Arbeit. 1950 nahm Brecht an der Gründungsveranstaltung der Deutschen Akademie der Künste teil, deren Vizepräsident er 1954 wurde. Am 7. Oktober 1951 wurde er mit dem Nationalpreis der DDR ausgezeichnet. Im Mai 1953 wurde er von der 5. Generalversammlung des PEN-Zentrums Ost und West zum Präsidenten gewählt. Am 18. Dezember 1954 erfolgte die Verleihung des „Stalin-Preises für Frieden und Verständigung zwischen den Völkern". 1956 nahm Brecht am VI. Deutschen Schriftstellerkongress teil. Am 14. August 1956 starb Bertolt Brecht an den Folgen eines Herzinfarkts.

Arbeitsblatt: Keuner-Geschichten

Keuner-Geschichten
(Bertolt Brecht)

Bertolt Brecht schrieb die Keuner-Geschichten verteilt über einen Zeitraum von über 30 Jahren. Insgesamt erschienen 87 Geschichten, wobei die erste 1926 geschrieben wurde. Brecht plante nie, sie in einer Sammlung zu veröffentlichen. Erst 1971 erschien eine Ausgabe mit allen Keuner-Geschichten.

Herrn K.s Lieblingstier

❶ **Der Elefant ist Herrn K.s Lieblingstier. Was führt Herr K. an?**

_____

_____

❷ **Was fällt bei näherer Betrachtung der einzelnen Sätze auf?**

_____

_____

❸ **Stelle in Stichpunkten die folgenden sechs Eigenschaftspaare zusammen.**

①③ _____ ⇔ _____

④⑤ _____ ⇔ _____

⑧⑩ _____ ⇔ _____

❹ **Welche drei übergeordneten Gesichtspunkte sind bei den 15 Eigenschaftspaaren festzustellen?**

_____

❺ **Was kann uns die Parabel von Bertolt Brecht lehren?**

_____

_____

Freundschaftsdienste

❶ **Der vorliegende Text ist 1949 entstanden und gliedert sich in zwei Teile:**

① _____

② _____

❷ **Beschreibe kurz den Inhalt der „Kamelgeschichte".**

_____

_____

_____

❸ **Herr K. erzählt die Geschichte nicht als Beispiel weiser Rechtsprechung. Was will er darstellen?**

_____

❹ **Welche kritische Haltung will Brecht dem Leser vermitteln?**

_____

_____

_____

_____

_____

Lösungsblatt: Keuner-Geschichten

Keuner-Geschichten
(Bertolt Brecht)

Bertolt Brecht schrieb die Keuner-Geschichten verteilt über einen Zeitraum von über 30 Jahren. Insgesamt erschienen 87 Geschichten, wobei die erste 1926 geschrieben wurde. Brecht plante nie, sie in einer Sammlung zu veröffentlichen. Erst 1971 erschien eine Ausgabe mit allen Keuner-Geschichten.

Herrn K.s Lieblingstier

❶ **Der Elefant ist Herrn K.s Lieblingstier. Was führt Herr K. an?**
Herr K. zählt die Eigenschaften und Verhaltensweisen des Elefanten
in 15 mit „Er" beginnenden Sätzen auf.

❷ **Was fällt bei näherer Betrachtung der einzelnen Sätze auf?**
Jeder Satz weist Gegensätzliches, oft sogar Widersprüchliches auf.
Herrn K. ist aber die Vereinigung dieser Gegensatzpaare wichtig.

❸ **Stelle in Stichpunkten die folgenden sechs Eigenschaftspaare zusammen.**

①③	List / guter Freund	⇔	Stärke / guter Feind
④⑤	sehr groß und schwer / enormer Körper	⇔	sehr schnell / die kleinsten Speisen
⑧⑩	beliebt / dicke Haut	⇔	gefürchtet / zartes Gemüt

❹ **Welche drei übergeordneten Gesichtspunkte sind bei den 15 Eigenschaftspaaren festzustellen?**
Charakter (1–6); Gebrauch des Körpers (6–8); Verhältnis zu anderen (8–13)

❺ **Was kann uns die Parabel von Bertolt Brecht lehren?**
Urteile von uns über andere sind oft nur eindimensional, beschreibend und kurzatmig, aus denen Widersprüchlichkeiten eliminiert sind. Eine kritische Überprüfung wäre notwendig.

Freundschaftsdienste

❶ **Der vorliegende Text ist 1949 entstanden und gliedert sich in zwei Teile:**
① Überschrift mit dem ersten und letzten Satz (Vor- und Nachspann)
② Die Geschichte mit dem geliehenen Kamel

❷ **Beschreibe kurz den Inhalt der „Kamelgeschichte".**
Ein Erbe wird nicht mathematisch exakt verteilt, denn 1/2 + 1/3 + 1/9 = 17/18
(und nicht 18/18). Der weise Araber durchschaut die mathematische Situation und gibt das fehlende 1/18 dazu, um es dann wieder zurückzunehmen.

❸ **Herr K. erzählt die Geschichte nicht als Beispiel weiser Rechtsprechung. Was will er darstellen?**
Herr K. will das Problem des Opfers in seiner Beziehung zu „Freundschaftsdiensten" darstellen.

❹ **Welche kritische Haltung will Brecht dem Leser vermitteln?**
Die soziale Haltung, die der Freundschaft zu Grunde liegt, braucht nicht durch Opfer bewiesen zu werden. Die absolute Forderung von Opfern bedeutet eine Entstellung der Freundschaft. Bedingungslos geforderte Opfer sollten kritisch reflektiert werden im Hinblick auf die Interessen derer, die sie fordern. Man darf sich nicht missbrauchen lassen für Interessen, die nicht die Interessen des Volkes sind. Dafür gibt es in unserer Geschichte genügend Beispiele („Vaterland", „Heimatliebe", „Bescheidenheit", „Ruhm", „Ehre").

Skelett einer menschlichen Siedlung (Heinrich Böll)

Lernziele
- Kennenlernen der Beschreibung eines verlassenen irischen Dorfes
- Wissen um den geschichtlichen Hintergrund
- Herausfinden der Vergleiche zwischen dem Dorf und einem Skelett
- Kennenlernen der lautmalerischen Sprache Bölls
- Herausfinden der Intention des Verfassers
- Wissen um die Merkmale einer Parabel

Arbeitsmittel/Medien/Literaturhinweise
- Textblätter (2)
- Arbeitsblatt mit Lösung
- Tafelbild: Verlassenes Dorf
- Folie: Der irische Hungertod (19. Jh.)
- Informationsblatt: Was ist eine Parabel?

Tafelbild/Folien
Der irische Hungertod – die letzte große demographische Katastrophe Europas

Wie ein schwarzer Gedanke liegen die Katastrophenjahre der Insel über der irischen Geschichte. Zwischen 1846 und 1850 sind in Irland, Englands erster Kolonie, rund 1,5 Millionen Menschen (von 8,2 Millionen) an Hunger gestorben. Oder an den Folgen: Typhus, Ruhr, Fieber aller Art, Ödeme, Selbstmord, Mord. Nicht mitgezählt die 46 000 Menschen, die in jenen irischen Schreckensjahren während der sechswöchigen Flucht übers Meer nach Quebec und New York hinsiechten – und namenlos auf einem Seefriedhof endeten. In der kalten Sprache der Wirtschaftshistoriker – die, sofern sie Engländer waren, ein Jahrhundert lang das Unglück nur am Rande erwähnten – war Folgendes geschehen: Aufgrund einer Pilzkrankheit fiel zwischen 1845 und 1848 dreimal die Kartoffelernte aus. Niemand kannte damals die wahren Gründe, die „Infektionsursache" wurde erst später wissenschaftlich erfasst. So oder so, verhindern ließ sich die Krankheit nicht. Kaum geerntet, verwandelten sich die Früchte in eine übel riechende, halbflüssige und ungenießbare schwarze Masse. Damit fehlte das Hauptnahrungsmittel in einem übervölkerten, verarmten Land. Die katholische, gälisch sprechende, des Lesens und Schreibens unkundige Landbevölkerung wurde dezimiert, die Menschen starben.

Herbst 1846. Inzwischen hatten die Hungernden die letzten Kohlblätter gegessen, die wilden Beeren waren gepflückt. Panik ergriff das ganze Land. In vielen Dörfern verschlossen Väter ihre Häuser, um ungestört mit ihren Familien zu sterben. Anfang November begann es zu schneien. Der Winter war außergewöhnlich kalt, und ein britischer Offizier notierte: „Ich gebe zu, dass mich der Anblick des unsäglichen Leidens, zumal der Frauen und Kinder, aus der Fassung brachte. Wie eine Schar hungriger Krähen zogen sie über ein Rübenfeld, die Mütter halb nackt, die Kinder jammerten laut vor Hunger. Das ist schwer auszuhalten." Hungerhilfe, das war Ende 1846 noch immer die Botschaft des Staatssekretärs Trevelyan an die Iren, musste in öffentlichen Arbeitshäusern verdient werden, die in diesem Winter überquollen, nachdem auch die zweite Kartoffelernte „versagt" hatte. Und wer keinen Platz mehr im Arbeitshaus fand, erhielt auch keine Hilfe. Erst im Januar 1847 wurden Suppenküchen eingerichtet, doch das Sterben ging weiter. „Viele (Kinder)", notierte der britische Samariter Bennett im Frühjahr nach diesem Todeswinter, „waren gleichsam alles, was von einer Familie geblieben war. Sie lebten mit anderen in einer einzigen Hütte, verwaiste kleine Verwandte, die von nicht minder Verzweifelten aufgenommen wurden. In einer Hütte lag eine Schwester, die gerade starb, neben ihrem kleinen Bruder, der kurz zuvor gestorben war. Dies waren Mitmenschen, Kinder des einen *Vaters*, unseres *Herrn*, geboren mit denselben menschlichen Gefühlen und Hoffnungen wie wir, mit demselben Recht auf Leben wie wir, mit demselben *Gott*." Doch Europa, das einst weithin von Iren zum Christentum bekehrt worden war, nahm solche Stimmen nicht zur Kenntnis.

Winter 1847/48: Mordbanden gruppierten sich, sieben Landlords fielen Attentaten zum Opfer. London schickte zusätzliche Schutztruppen. Und noch einmal, 1848, wiederholte sich die Kartoffel-Katastrophe. Das Land war ausgemergelt, erschöpft und ausgeblutet. Über hundert Städte und Gemeinden allein im Bezirk Mayo waren völlig entvölkert, die Felder verwüstet wie nach einem Krieg, die Bauernhöfe verlassen, die Straßen leer, die Kirchen verfallen.

Stundenbild

I. Hinführung

St. Impuls	TA	Bild: Verlassenes Dorf (Ruine)
Aussprache		
Überleitung		L: Kennenlernen einer Geschichte, die solche Bilder zum Inhalt hat.
Zielangabe	TA	*Skelett einer menschlichen Siedlung (Heinrich Böll)*

II. Darbietung des Textes

	Textblätter (2)	Skelett einer menschlichen Siedlung
Lehrervortrag		
Schüler lesen mit		
Spontanäußerungen		

III. Arbeit am Text

L: Böll vergleicht das Dorf mit einem Skelett. Setze ein.

Folie

Kirche	⇔	_____
_____	⇔	Rückgrat
Nebenstraßen	⇔	_____
_____	⇔	linkes Bein
Straße ins Tal	⇔	_____
_____	⇔	Körper ohne Haare, ohne Augen, ohne Fleisch und Blut

Aussprache

St. Impuls / Aussprache — TA

① dilettantisch: unfachmännisch
② Distanz: Abstand
③ Resignation: Entsagung, Verzicht
④ abstrakt: nicht gegenständlich
⑤ Anatomie: Lehre vom Bau der Lebewesen
⑥ Demographie: Bevölkerungsstatistik

L: Weshalb gibt es in Irland so viele verlassene Dörfer?

Folie — Der irische Hungertod – die letzte große demographische Katastrophe Europas

Aussprache

Folien

Aussprache

IV. Wertung

Leitfragen:
❶ Welche Rolle spielt Tony in Bölls Geschichte?
❷ Was will Böll mit seiner Parabel aussagen?
❸ Inwiefern ist diese Erzählung auch heute noch aktuell?

Aussprache

V. Sicherung

Zsf.	AB	Skelett einer menschlichen Siedlung
Kontrolle	Folie	

VI. Ausweitung

	Informationsblatt	Was ist eine Parabel?
Aussprache		

Skelett einer menschlichen Siedlung
(Heinrich Böll)

Plötzlich, als wir die Höhe des Berges erreicht hatten, sahen wir das Skelett des verlassenen Dorfes am nächsten Hang liegen. Niemand hatte uns davon erzählt, niemand uns gewarnt; es gibt so viele verlassene Dörfer in Irland. Die Kirche, den kürzesten Weg zum Strand hatte man uns gezeigt und den Laden, in dem es Tee, Brot, Butter und Zigaretten gibt, auch die Zeitungsagentur, die Post und den kleinen Hafen, in dem die harpunierten Haie bei Ebbe im Schlamm liegen wie gekenterte Boote, mit dem dunklen Rücken nach oben, wenn nicht zufällig die letzte Flutwelle ihren weißen Bauch, aus dem die Leber herausgeschnitten worden war, nach oben kehrte – das schien der Erwähnung wert, aber nicht das verlassene Dorf: graue, gleichförmige Steingiebel, die wir zunächst ohne perspektivische Tiefe sahen, wie dilettantisch aufgestellte Kulissen für einen Gespensterfilm: Mit stockendem Atem versuchten wir sie zu zählen, gaben es bei vierzig auf, und hundert waren es sicher. Die nächste Kurve des Weges brachte uns in andere Distanz, und nun sahen wir sie von der Seite: Rohbauten, die auf den Zimmermann zu warten schienen: graue Steinmauern, dunkle Fensterhöhlen, kein Stück Holz, kein Fetzen Stoff, nichts Farbiges, wie ein Körper ohne Haare, ohne Augen, ohne Fleisch und Blut: das Skelett eines Dorfes, grausam deutlich in seiner Struktur: dort die Hauptstraße; an der Biegung, wo der kleine runde Platz ist, muss eine Kneipe gewesen sein. Eine Nebengasse, noch eine. Alles, was nicht Stein war, weggenagt von Regen, Sonne und Wind und von der Zeit, die geduldig über alles hinträufelt: vierundzwanzig große Tropfen Zeit pro Tag: die Säure, die so unmerklich alles zerfrisst wie Resignation. Würde jemand das zu malen versuchen, dieses Gebein einer menschlichen Siedlung, in der vor hundert Jahren fünfhundert Menschen gewohnt haben mögen; lauter graue Drei- und Vierecke am grünlichgrauen Berghang; würde er noch das Mädchen mit dem roten Pullover hinzunehmen, das gerade mit einer Kiepe voll Torf durch die Hauptstraße geht; einen Tupfer Rot für ihren Pullover und einen dunklen Brauns für den Torf, einen helleren Brauns für das Gesicht des Mädchens; und noch die weißen Schafe hinzu, die wie Läuse zwischen den Ruinen hocken; man würde ihn für einen ganz außerordentlich verrückten Maler halten: so abstrakt ist also die Wirklichkeit. Alles, was nicht Stein war, weggefressen von Wind, Sonne, Regen und Zeit, schön ausgebreitet am düsteren Hang wie zur Anatomiestunde das Skelett eines Dorfes: dort – „sieh doch, genau wie ein Rückgrat" – die Hauptstraße, ein wenig verkrümmt wie das Rückgrat eines schwer Arbeitenden; kein Knöchelchen fehlt; Arme sind da und die Beine: die Nebenstraßen und, ein wenig zur Seite gerollt, das Haupt, die Kirche, ein etwas größeres graues Dreieck. Linkes Bein: die Straße, die ostwärts den Hang hinauf, rechtes: die andere, die ins Tal führte; diese ein wenig verkürzt. Das Skelett eines leicht humpelnden Wesens. So könnte, wenn er in dreihundert Jahren als Skelett freigelegt würde, der Mann aussehen, den seine vier mageren Kühe an uns vorbei auf die Weide treiben, ihm die Illusion lassend, dass er sie treibe; sein rechtes Bein ist durch einen Unfall verkürzt, krumm ist sein Rücken von der Mühsal des Torfstechens, und auch sein müdes Haupt wird ein wenig zur Seite rollen, wenn man ihn in die Erde senkt. Er hat uns schon überholt, schon sein „nice day" gemurmelt, bevor wir Atem genug gefunden hatten, ihm zu antworten, oder ihn nach diesem Dorf zu fragen. So sah keine zerbombte Stadt, kein mit Artillerie beschossenes Dorf aus; Bomben und Granaten sind ja nur verlängerte Tomahawks, Schlachtenbeile, Schlachtenhämmer, mit denen man zerbricht, zerhackt, hier aber ist keine Spur von Gewalt zu sehen: Zeit und Elemente haben alles in unendlicher Geduld weggefressen, was nicht Stein war, und aus der Erde wachsen Polster, auf denen diese Gebeine wie Reliquien ruhen: Moos und Gras. Niemand würde hier eine Mauer umzustürzen versuchen oder einem verlassenen Haus Holz (das hier sehr kostbar ist) entnehmen (bei uns nennt man das ausschlachten; hier schlachtet niemand aus); und nicht einmal die Kinder, die abends das Vieh von den Weiden oberhalb des verlassenen Dorfes heimtreiben, nicht einmal die Kinder versuchen, Mauern oder Hauseingänge einzustürzen; unsere Kinder, als wir plötzlich mitten im Dorf waren, versuchten es gleich: dem Erdboden gleichmachen. Hier machte niemand etwas dem Erdboden gleich, und man lässt die weicheren Teile verlassener Wohnstätten dem Wind, dem Regen, der Sonne und der Zeit zur Nahrung, und nach sechzig, siebzig oder hundert Jahren bleiben dann wieder Rohbauten übrig, auf die niemals wieder ein Zimmermann seinen Kranz zum Richtfest stecken wird: So sieht also eine menschliche Siedlung aus, die man nach dem Tode in Frieden gelassen hat.

Immer noch beklommen, gingen wir zwischen den kahlen Giebeln über die Hauptstraße, drangen in Nebengassen ein, und langsam wich die Beklommenheit: Gras wuchs auf den Straßen, Moos hatte sich über Mauern und Kartoffeläcker gezogen, kroch an den Häusern hoch, und die Steine der Giebel, von Mörtel freigewaschen, waren weder Bruch- noch Ziegelsteine, sondern Geröllbrocken, so wie der Berg
55 sie in seinen Bächen zu Tal gerollt hatte, Felsplatten, die Stürze über Türen und Fenstern, breit wie Schulterknochen die beiden Steinplatten, die aus der Wand herausragten, dort, wo der Kamin gewesen war: an ihnen hatte einmal die Kette für den eisernen Kochtopf gehangen: Blasse Kartoffeln wurden in bräunlichem Wasser gar. Wir gingen von Haus zu Haus wie Hausierer, und immer wieder fiel, wenn der kurze Schatten an der Schwelle über uns hinweggestürzt war, immer wieder fiel das blaue Viereck des
60 Himmels über uns; größer wars bei den Häusern, in denen einmal Wohlhabendere gewohnt hatten, kleiner bei den Armen: Nur die Größe des blauen Himmelsvierecks unterschied sie hier noch einmal voneinander. In manchen Stuben wuchs schon das Moor, manche Schwellen waren schon von bräunlichem Wasser verdeckt; in den Stirnwänden waren hier und da noch die Pflöcke fürs Vieh zu sehen; Schenkelknochen von Ochsen, an denen die Kette befestigt gewesen war.
65 „Hier stand der Herd" – „Dort das Bett" – „Hier über dem Kamin hing das Kruzifix" – „Da ein Wandschrank": Zwei aufrechte und in diese eingekeilt zwei waagerechte Steinplatten, und in diesem Wandschrank entdeckte eins der Kinder den Eisenkeil, der, als wir ihn herauszogen, wie Zunder in der Hand zerbröckelte: Es blieb ein härterer Kernstab von der Dicke eines Nagels übrig, den ich – auf Weisung der Kinder – als Andenken in die Manteltasche steckte.
70 Wir verbrachten fünf Stunden in diesem Dorf, und die Zeit verging schnell, weil nichts geschah: Nur ein paar Vögel scheuchten wir hoch, ein Schaf floh vor uns durch eine leere Fensterhöhle den Hang hinauf; in verknöcherten Fuchsienhecken hingen blutige Blüten, an verblühten Ginsterbüschen hing ein Gelb wie von schmutzigen Groschen, blanker Quarz wuchs wie Gebein aus dem Moos heraus; kein Schmutz auf den Straßen, kein Unrat in den Bächen und kein Laut zu hören. Vielleicht warteten wir nur
75 auf das Mädchen mit dem roten Pullover und der Kiepe voll braunen Torfs, aber das Mädchen kam nicht wieder.
Als ich auf dem Heimweg in die Tasche griff, um nach dem Eisendeckel zu sehen, hatte ich nur braunen, rötlich durchmischten Staub in der Hand: Er hatte dieselbe Farbe wie das Moor rechts und links von unserem Weg, und ich warf ihn dazu.
80 Niemand wusste genau zu berichten, wann und warum das Dorf verlassen worden war: Es gibt so viele verlassene Häuser in Irland, auf einem beliebigen zweistündigen Spaziergang kann man sie aufzählen: das wurde vor zehn, dieses vor zwanzig, das vor fünfzig oder achtzig Jahren verlassen, und es gibt Häuser, an denen die Nägel, mit denen man die Bretter vor Fenster und Türen genagelt hat, noch nicht durchgerostet sind, Regen und Wind noch nicht eindringen können.
85 Die alte Frau, die im Hause neben uns wohnte, wusste uns nicht zu sagen, wann das Dorf verlassen worden war: Als sie ein kleines Mädchen war, um 1880, war es schon verlassen. Von ihren sechs Kindern sind nur zwei in Irland geblieben: Zwei wohnen und arbeiten in Manchester, zwei in den Vereinigten Staaten, eine Tochter ist hier im Dorf verheiratet (sechs Kinder hat diese Tochter, von denen wohl wieder zwei nach England, zwei nach den USA gehen werden), und der älteste Sohn ist bei ihr geblie-
90 ben: Von weitem, wenn er mit dem Vieh von der Weide kommt, sieht er wie ein Sechzehnjähriger aus, wenn er dann um die Hausecke herum in die Dorfstraße einbiegt, meint man, er müsse wohl um die Mitte der Dreißig sein, und wenn er dann am Haus vorbeikommt und scheu ins Fenster hineingrinst, dann sieht man, dass er fünfzig ist. „Er will nicht heiraten", sagte seine Mutter, „ist es nicht eine Schande?" Ja, es ist eine Schande. Er ist so fleißig und sauber, rot hat er das Tor angemalt, rot auch die
95 steinernen Knöpfe auf der Mauer und ganz blau die Fensterrahmen unter dem grünen Moosdach, Witz wohnte in seinen Augen, und zärtlich klopfte er seinem Esel auf den Rücken. Abends, als wir die Milch holen, fragen wir ihn nach dem verlassenen Dorf. Aber er weiß nichts davon zu erzählen, nichts; er hat es noch nie betreten: Sie haben keine Weiden dort, und ihre Torfgruben liegen auch in einer anderen Richtung, südlich, nicht weit entfernt von dem Denkmal des irischen Patrioten, der im Jahre 1799
100 gehenkt wurde. „Haben Sie es schon gesehen?" Ja, wir haben es gesehen – und Tony geht wieder davon, als Fünfzigjähriger, verwandelt sich an der Ecke in einen Dreißigjährigen, wird oben am Hang, wo er im Vorbeigehen den Esel krault, zum Sechzehnjährigen, und als er oben für einen Augenblick an der Fuchsienhecke stehen bleibt, für diesen Augenblick, bevor er hinter der Hecke verschwindet, sieht er aus wie der Junge, der er einmal gewesen ist.

Arbeitsblatt: Skelett einer menschlichen Siedlung

Skelett einer menschlichen Siedlung
(Heinrich Böll)

Dieser Text ist dem „Irischen Tagebuch" entnommen, das während eines längeren Ferienaufenthalts der Familie Böll im Jahre 1954 entstanden und als Buch 1957 erschienen ist.

❶ **Böll vergleicht das irische Dorf mit einem Skelett, dem Sinnbild des Todes. Ergänze sinnvoll.**

Kirche	⇔	_____
_____	⇔	Rückgrat
Nebenstraßen	⇔	_____
_____	⇔	linkes Bein
Straße ins Tal	⇔	_____
_____	⇔	Körper ohne Haare, ohne Augen, ohne Fleisch und Blut

❷ **Weshalb gibt es in Irland so viele verlassene Dörfer?**

❸ **Wo sieht Böll den Unterschied zu einer im Krieg zerstörten Siedlung?**

❹ **Welche lautmalerischen und symbolhaften Ausdrücke beschreiben den Verfall des Dorfes?**

❺ **Welche Rolle spielt Tony in Bölls Geschichte?**

❻ **Was will Böll mit seiner Parabel aufzeigen?**

❼ **Inwiefern ist diese Erzählung auch heute noch aktuell?**

Lösungsblatt: Skelett einer menschlichen Siedlung

Skelett einer menschlichen Siedlung
(Heinrich Böll)

Dieser Text ist dem „Irischen Tagebuch" entnommen, das während eines längeren Ferienaufenthalts der Familie Böll im Jahre 1954 entstanden und als Buch 1957 erschienen ist.

❶ **Böll vergleicht das irische Dorf mit einem Skelett, dem Sinnbild des Todes. Ergänze sinnvoll.**

Kirche	⇔	Schädel
Hauptstraßen	⇔	Rückgrat
Nebenstraßen	⇔	Arme und Beine
Straße hinauf	⇔	linkes Bein
Straße ins Tal	⇔	rechtes Bein
gesamtes Dorf	⇔	Körper ohne Haare, ohne Augen, ohne Fleisch und Blut

❷ **Weshalb gibt es in Irland so viele verlassene Dörfer?**
Zwischen 1846 und 1850 starben in Irland von 8,2 Millionen Einwohnern allein 1,5 Millionen an Hunger und seinen Folgen wie Ruhr, Ödeme und Fieber. Ursache der Hungersnot war eine Kartoffeln befallende Pilzkrankheit, die dreimal die Ernte zunichte machte. Auswanderungswellen erfassten Irland, das Land blutete aus, Dörfer verfielen, Land blieb unbewirtschaftet zurück.

❸ **Wo sieht Böll den Unterschied zu einer im Krieg zerstörten Siedlung?**
Keine Zerstörung durch Gewalt von Menschenhand (Bomben und Granaten)

❹ **Welche lautmalerischen und symbolhaften Ausdrücke beschreiben den Verfall des Dorfes?**
nagen, fressen, träufeln, zerbröckeln, bluten; grau, nichts Farbiges, einsam, düster, verlassen; Gebeine, Reliquien, Fensterhöhlen

❺ **Welche Rolle spielt Tony in Bölls Geschichte?**
Tony, der einsame Schäfer, gleicht der Siedlung. Er ist wie sie ohne Zukunft, scheint nur aus der Ferne jung zu sein wie das Dorf, das von Gras, Moos und Blumen überwuchert wird. Tony findet sich mit seinem Schicksal ab, friedfertig, apathisch, resignierend, er wird wie das Dorf verschwinden, da er keine Nachkommen und damit keine Zukunft hat.

❻ **Was will Böll mit seiner Parabel aufzeigen?**
Die von Böll eingesetzten Menschen sind nur Mittel, um den Vorgang des langsamen Verlöschens menschlicher Existenz anschaulich zu machen. Böll zeigt die Resignation der Iren und ihre Unfähigkeit, mit ihrer Geschichte fertig zu werden. Landflucht, Flucht in den Alkohol und Unfähigkeit zur Selbstfindung spielen eine Rolle.

❼ **Inwiefern ist diese Erzählung auch heute noch aktuell?**
Die Natur lässt sich nicht ausschalten, sie holt sich irgendwann alles wieder zurück, was der Mensch ihr genommen hat. Vom Menschen Geschaffenes ist vergänglich, der Mensch selbst ist es auch. „Tand, Tand, ist das Gebilde von Menschenhand".

Über die Parabel

Die Parabel gehört wie die Fabel zu den Ausprägungen bildlicher Erzählrede. Auch die Parabel verfolgt den Zweck, eine im Bild veranschaulichte Erkenntnis (Bildebene) eines Analogieschlusses auf die Erkenntnis selbst zu übertragen (Sinnebene). Insofern besteht zwischen Fabel und Parabel eine so weitgehende Übereinstimmung, dass eine prinzipielle Trennung gar nicht möglich ist. Ein Unterschied besteht darin, dass die Fabel in erster Linie im Bereich von Tieren, Pflanzen, Dingen spielt. Sie muss deshalb anthropomorphisieren und die Züge ihrer Figuren „künstlich" stilisieren, während die Parabelhandlung Beispiel und Bild vorwiegend zwischenmenschlichen Verhältnissen entnimmt. Die Fabel verlagert den Bereich nach „außen", ist schematischer im Aufbau und in der Wahl des Kodes und ist deshalb auch in der Deutung die einfachere Form. Die Parabel ist demgegenüber flexibler. Die Beziehungen zwischen Bild- und Sinnebene sind differenzierter und offener. Für den Leser ergeben sich oft verschiedene Deutungsmöglichkeiten. Denn während die Fabel als Ganzes Zug um Zug übertragen werden kann, gilt dies für die Parabel nur punktuell. Die Kunst der indirekten Belehrung führt hier über eine selbständige Erzählung, die ohne Erklärung, ohne ausdrücklichen Bezug, vieldeutig bleibt. Die Vielschichtigkeit des gemeinten Sinns gilt besonders für die moderne Parabel. So führen Kafkas parabolische Erzählungen jedes Mal in Bereiche, die durch überkommene Wahrheiten kaum erschlossen sind. Der Leser wird in seinem Selbst- und Weltverständnis nachhaltig verunsichert. Auch in Brechts Parabeln wird keine positive „Lehre" vermittelt, sondern es wird auf dem Weg über das Beispiel den geläufigen Denkweisen gegenüber zum Widerspruch aufgefordert. Der Leser soll lernen, eine kritische Haltung einzunehmen.

Der Unterschied zwischen Fabel und Parabel mag sich oft darauf beschränken, dass für die beiden Formen verschiedene Figuren charakteristisch sind. Im Grunde gelten alle für die Fabel angestellten Überlegungen auch hier. Insofern werden die Parabel und die parabolische Erzählung am besten durch gründliches Lesen von Fabeln vorbereitet. Dann wird man mehr und mehr erkennen, dass die bildhafte Veranschaulichung ein Grundprinzip allen literarischen Gestaltens ist. Da die Parabel vergleicht, sind es auch hier vor allem die Bezugspunkte zwischen den verglichenen Bereichen, die sich der kritischen Reflexion des Lesers anbieten. Man muss davon ausgehen, dass die Parabelhandlung Demonstrationsmaterial darstellt und keine isolierte Geschichte ist, auch wenn sie das gelegentlich zu sein scheint. Die Parabel ist – wie die Fabel – ein rhetorisches Mittel des Erzählers, der das Gemeinte möglichst schlagend zum Ausdruck bringen will. Er greift deshalb zur Verkleidung durch die Parabel, weil er sich davon ein Höchstmaß an Wirkung verspricht. Auch sind die Leser aufgefordert, der Beweiskraft der Parabel nicht ohne weiteres zu vertrauen, sondern die Argumentation kritisch zu überprüfen. Besonders die modernen Parabeln sind ohne intensive Auseinandersetzung nicht zu bewältigen.

„Die Parabel stellt zwar die Frage, aber sie gibt keine Antwort. Sie legt uns die Pflicht der Entscheidung auf, aber die Entscheidung selbst enthält sie nicht." (André Jolles)

Neapel sehen (Kurt Marti)

Lernziele
- Kennenlernen des Inhalts der Geschichte von Kurt Marti
- Herausfinden der Struktur
- Herausfinden der Bedeutung der Überschrift
- Herausfinden sprachlicher Besonderheiten in Verbindung mit dem Gehalt
- Erkenntnis, dass diese Parabel Raum für zwei Deutungsmöglichkeiten lässt

Arbeitsmittel / Medien / Literaturhinweise
- Textblatt
- Arbeitsblatt mit Lösung
- Tafelbild mit Bildern und Wortkarten
- Folien (Bilder)
- Folie (Sprichwörter zum Thema „Arbeit")

Tafelbild/Folien

Neapel ist der Inbegriff alles Schönen, kulturell Wertvollen. Hat man diese Stadt gesehen, kann man getrost sterben, denn es gibt nichts Schöneres mehr.

„Neapel sehen – und sterben"

Fabrik ist für den Mann der Inbegriff alles Schönen und Lebenswerten. Er kann erst sterben, nachdem er sie als seinen Lebensinhalt noch einmal gesehen hat.

Stundenbild

I. Hinführung

St. Impuls	TA	Bild: Fabrik
Aussprache		
Überleitung		L: Kennenlernen einer Geschichte, in der eine Fabrik eine entscheidende Rolle spielt.
Zielangabe	TA	*Neapel sehen (Kurt Marti)*
Lehrerinformation		Kurt Marti wurde am 31. Januar 1921 in Bern geboren. Nach dem Abitur studierte er Jura und Theologie in Bern und Basel. Seit 1961 lebt er als Pfarrer in Bern. Er erhielt mehrere Literaturpreise.

II. Darbietung des Textes

	Textblatt	Neapel sehen
Lehrervortrag		
Schüler lesen mit		
Spontanäußerungen		

III. Arbeit am Text

St. Impuls	TA	① Akkord = Bezahlung nach Stückzahl ② Blust = Blüte ③ Areal = Bodenfläche, Gelände
Aussprache		
Impuls		L: Zwei Wörter kommen besonders oft vor.
Aussprache	TA	• hassen (zehnmal) • sehen (elfmal) L: Warum verändert sich der Hass des Mannes? Begründe.
	Folie	Bild: Maschinenhalle
Aussprache		

IV. Wertung

Leitfragen		
Aussprache		❶ Was bedeutet „Fabrik" für den Mann? ❷ Was bedeutet die Überschrift?
	Folien	Bild: Neapel – Bild: Fabrik
	Wortkarten	„Neapel" – „Fabrik"
	TA	Neapel ist der Inbegriff alles Schönen, kulturell Wertvollen. Hat man diese Stadt gesehen, kann man getrost sterben, denn es gibt nichts Schöneres mehr. „Neapel sehen – und sterben". „Fabrik" ist für den Mann der Inbegriff alles Schönen und Lebenswerten. Er kann erst sterben, nachdem er sie als seinen Lebensinhalt noch einmal gesehen hat.
	TA	Neapel = Fabrik ❸ Worin bestehen Last und Wert der Arbeit für uns Menschen?
	Folie	Sprichwörter
Aussprache		
		❹ Inwiefern ist diese Parabel auch heute noch aktuell?
Aussprache		

V. Sicherung

Zsf.	AB	Neapel sehen
Kontrolle	Folie	

Neapel sehen
(Kurt Marti)

Er hatte eine Bretterwand gebaut. Die Bretterwand entfernte die Fabrik aus seinem häuslichen Blickkreis. Er hasste die Fabrik. Er hasste seine Arbeit in der Fabrik. Er hasste die Maschine, an der er arbeitete. Er hasste das Tempo der Maschine, das er selber beschleunigte. Er hasste die Hetze nach Akkordprämien, durch welche er es zu einigem Wohlstand, zu Haus und Gärtchen gebracht hatte. Er hasste seine Frau, sooft sie ihm sagte: Heute Nacht hast du wieder gezuckt. Er hasste sie, bis sie es nicht mehr erwähnte. Aber die Hände zuckten weiter im Schlaf, zuckten im schnellen Stakkato der Arbeit. Er hasste den Arzt, der ihm sagte: Sie müssen sich schonen, Akkord ist nichts mehr für Sie. Er hasste den Meister, der ihm sagte: Ich gebe dir eine andere Arbeit, Akkord ist nichts mehr für dich. Er hasste so viele verlogene Rücksicht, er wollte kein Greis sein, er wollte keinen kleineren Zahltag, denn immer war das die Hinterseite von so viel Rücksicht, ein kleinerer Zahltag. Dann wurde er krank, nach vierzig Jahren Arbeit und Hass zum ersten Mal krank. Er lag im Bett und blickte zum Fenster hinaus. Er sah sein Gärtchen. Er sah den Abschluss des Gärtchens, die Bretterwand. Weiter sah er nicht. Die Fabrik sah er nicht, nur den Frühling im Gärtchen und eine Wand aus gebeizten Brettern. Bald kannst du wieder hinaus, sagte die Frau, es steht alles in Blust. Er glaubte ihr nicht. Geduld, nur Geduld, sagte der Arzt, das kommt schon wieder. Er glaubte ihm nicht. Es ist ein Elend, sagte er nach drei Wochen zu seiner Frau, ich sehe immer das Gärtchen, sonst nichts, nur das Gärtchen, das ist mir zu langweilig, immer dasselbe Gärtchen, nehmt doch einmal zwei Bretter aus der verdammten Wand, damit ich was anderes sehe. Die Frau erschrak. Sie lief zum Nachbarn. Der Nachbar kam und löste zwei Bretter aus der Wand. Der Kranke sah durch die Lücke hindurch, sah einen Teil der Fabrik. Nach einer Woche beklagte er sich: Ich sehe immer das gleiche Stück der Fabrik, das lenkt mich zu wenig ab. Der Nachbar kam und legte die Bretterwand zur Hälfte nieder. Zärtlich ruhte der Blick des Kranken auf seiner Fabrik, verfolgte das Spiel des Rauches über dem Schlot, das Ein und Aus der Autos im Hof, das Ein des Menschenstromes am Morgen, das Aus am Abend. Nach vierzehn Tagen befahl er, die stehen gebliebene Hälfte der Wand zu entfernen. Ich sehe unsere Büros nie und auch die Kantine nicht, beklagte er sich. Der Nachbar kam und tat, wie er wünschte. Als er die Büros sah, die Kantine und so das gesamte Fabrikareal, entspannte ein Lächeln die Züge des Kranken. Er starb nach einigen Tagen.

Arbeit schändet nicht.
Wer arbeitet, dem vergehn die unnützen Gedanken.
Arbeit, Sorg und Herzeleid ist der Erde Alltagskleid.
Arbeit adelt.
Wer Arbeit kennt und sich nicht drückt, der ist verrückt.
Schmutzige Arbeit, blankes Geld.
Wer nicht arbeitet, soll auch nicht essen.
Wie die Arbeit, so der Lohn.
Wie die Bezahlung, so die Arbeit.
Was Hänschen nicht lernt, lernt Hans nimmermehr.
Lehrjahre sind keine Herrenjahre.
Nach getaner Arbeit ist gut ruhn.
Arbeit macht das Leben süß.
Wer rastet, der rostet.
Ohne Fleiß kein Preis.

Arbeitsblatt: Neapel sehen

Neapel sehen
(Kurt Marti)

❶ Gib kurz den Inhalt wieder.

_____
_____
_____
_____
_____
_____
_____
_____

❷ Struktur der Parabel:

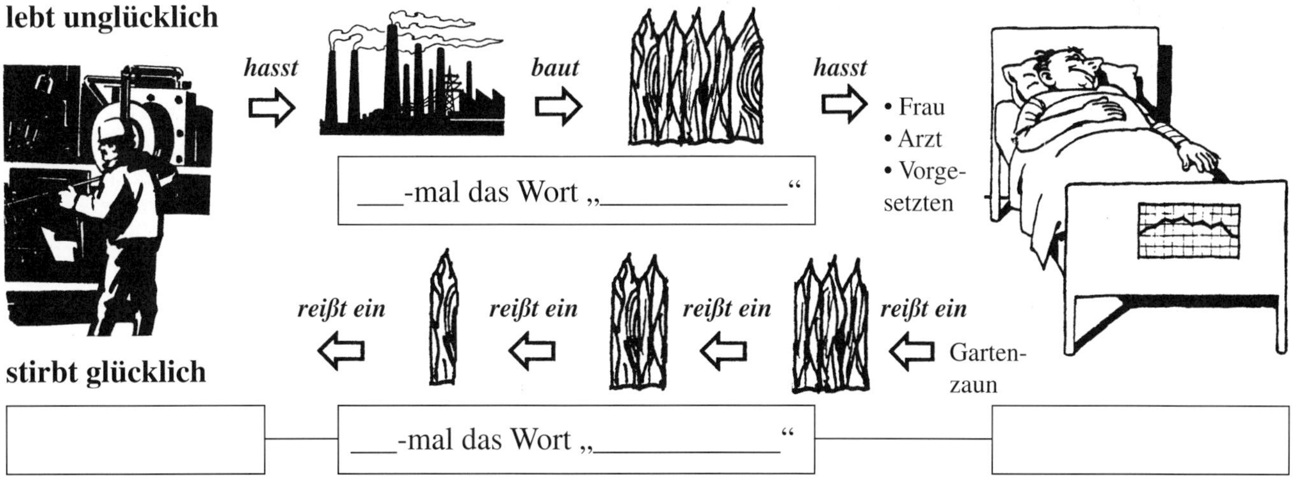

lebt unglücklich → *hasst* → *baut* → *hasst* → • Frau • Arzt • Vorgesetzten

___-mal das Wort „_____"

stirbt glücklich ← *reißt ein* ← *reißt ein* ← *reißt ein* ← *reißt ein* Gartenzaun

___-mal das Wort „_____"

Die Fabrik als einstiges _____ ist nun Gegenstand der _____ geworden.

❸ Was bedeutet die Überschrift?

_____
_____
_____
_____
_____

❹ Kurt Martis Parabel lässt dem Leser Raum für zwei Deutungen:

_____
_____
_____
_____
_____
_____
_____

George Grosz: Großstadt
© VG Bild-Kunst, Bonn 2005

Lösungsblatt: Neapel sehen

Neapel sehen
(Kurt Marti)

❶ Gib kurz den Inhalt wieder.

Ein Mann baut eine Bretterwand, um die Fabrik, in der er arbeitet, aus seinem Blickfeld zu entfernen, denn er hasst alles, was mit seiner Arbeit in dieser Fabrik zusammenhängt. Als er nach 40 Jahren beruflicher Tätigkeit erkrankt und bettlägerig wird, lässt er den Bretterzaun nach und nach abreißen, um die Fabrik noch einmal sehen zu können, ehe er stirbt.

❷ Struktur der Parabel:

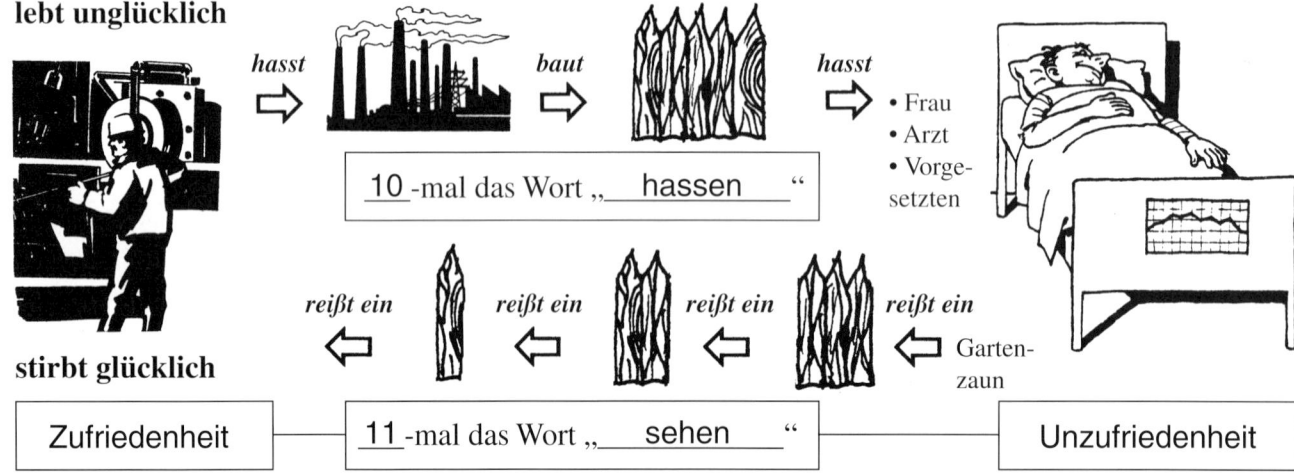

Die Fabrik als einstiges __Hassobjekt__ ist nun Gegenstand der __Zuneigung__ geworden.

❸ Was bedeutet die Überschrift?

Sie ist die Verkürzung des Sprichworts „Neapel sehen und sterben" und bedeutet, dass jemand, der die Schönheit dieser italienischen Stadt gesehen hat, getrost sterben kann. Für den Mann bedeutet „Neapel" seine Fabrik, deren Wert er erst erkennt, als er nicht mehr dort arbeiten kann. Er möchte sie noch einmal sehen, ehe er stirbt. Sie ist für ihn der Inbegriff des Lebenswerten.

❹ Kurt Martis Parabel lässt dem Leser Raum für zwei Deutungen:

Arbeit kann Lebensinhalt und Lebensquell sein, inspirierend und Freude verschaffend. Man merkt das erst, wenn man nicht mehr arbeiten kann oder darf. Arbeit kann aber auch Störfaktor sein, gesundheitsschädigend, belastend und monoton. Vieles im Leben ist wichtiger, z. B. die Zeit zur Erholung, zur Selbstfindung, zur Selbstverwirklichung und zum Aufbau zwischenmenschlicher Beziehungen.

George Grosz: Großstadt
© VG Bild-Kunst, Bonn 2005

Wahre Liebe (Isaac Asimov)
Die Maschine (Günter Kunert)

Lernziele

- Kennenlernen einer Erzählung von Asimov und einer Parabel von Kunert
- Klärung des Inhalts beider Geschichten
- Vergleich beider Geschichten mit einer wertenden Gegenüberstellung von Mensch und Maschine
- Nachdenken über die Kritik der Parabel Kunerts
- Kennenlernen des Verfassers Issac Asimov

Arbeitsmittel/Medien/Literaturhinweise

- Textblätter (3)
- Arbeitsblatt mit Lösung
- Tafel: CEBIT-Plakat im DIN-A1-Format (Internet: www.zeit.de/shop oder Telefon: 040/3280-101)
- Folie (CEBIT-Plakat verkleinert)
- Folie (Verfasserinformation Asimov)

Tafelbild/Folien

Isaac Asimov

Isaac Asimov, geboren am 2. Januar 1920 in Petrovichi, Russland, emigrierte 1923 mit seiner Familie nach Brooklyn, New York. Der junge Isaac war sozusagen „Stammgast" in der örtlichen Stadtbücherei, wenn er nicht gerade seinem Vater in dessen Süßwarenladen half oder lernte. Im Alter von 15 Jahren wurde er an der Columbia University aufgenommen, wo er 1939 seinen Bachelor of Science machte. Asimov unterbrach seine Doktorarbeit 1942, um bis 1945 als Chemiker in der US Navy zu dienen. Nachdem er 1948 den Doktor in Biochemie an der Columbia University geschafft hatte, arbeitete Asimov als Biochemie-Lehrer an der Boston University School of Medicine und wurde 1951 zum Assistenz-Professor befördert. Und obwohl er ab 1958 sein Leben vollständig dem Schreiben widmete, wurde er 1979 zum ordentlichen Professor ernannt. Asimov begann im Alter von elf Jahren, Science Fiction (SF) zu schreiben. Sein erstes Werk in Buchformat, *Pebble in the Sky*, wurde 1950 veröffentlicht, und mit einem 1951 erschienenen wissenschaftlichen Textbuch wagte er sich auf das Gebiet der Non-Fiction. Unter seinen Werken befinden sich SF-Klassiker wie *I Robot* (1950), die *Foundation-Trilogy* (1951-1953) und *The Gods Themselves* (1972). Im Bereich der Sachbücher hat Asimov über alle möglichen Themen geschrieben, u. a. über Mathematik, Physik, die Bibel und Shakespeare. *A Choice of Catastrophes* (1979) zeigt seinen sehr effektiven Versuch, wissenschaftliche Themen für Kinder und wissenschaftlich nicht ausgebildete Erwachsene darzustellen. Hierin untersucht er verschiedene Möglichkeiten, wie die Welt enden könnte und bezieht unter anderem Geologie, Bakteriologie, Sozialgeschichte und Astrophysik in seine Arbeit ein. Isaac Asimov hatte schon zu Lebzeiten den Ruf eines Genies. 1979 erschien sein 200. Buch, sein 300. Werk, Opus 300, erschien im Dezember 1984. Seine Schriftsteller-Karriere erstreckte sich über 45 Jahre und 477 veröffentlichte Bücher beinahe jeden Typs von Fiktion und Sachbuch. Seine *Foundation Trilogy* gewann nicht nur einen Hugo-Award für die beste SF-Serie aller Zeiten, *Foundation's Edge* erhielt außerdem einen Hugo als bester SF-Roman von 1982. Asimov erhielt 1987 einen Special Nebula-Award der Vereinigung der SF-Schriftsteller Amerikas, mit dem ihm der Titel eines „Grand Master of Science Fiction" verliehen wurde. Er erhielt einige weitere Hugos und Nebula-Awards für verschiedene andere Werke. Asimov lebte in Manhattan und arbeitete am liebsten in seinem Zweizimmerbüro, in dem sich auch seine persönliche Bibliothek mit über 2000 Büchern befand. Isaac Asimov starb am 6. April 1992 an Herz- und Nierenversagen.

Stundenbild

I. Hinführung

St. Impuls	Plakat/Folie	Cebit: Messe
Aussprache		
Überleitung		L: Kennenlernen zweier Geschichten, in denen Maschinen eine entscheidende Rolle spielen.
Zielangabe	TA	• *Wahre Liebe (Isaac Asimov)*
		• *Die Maschine (Günter Kunert)*

II. Darbietung des Textes

	Textblätter (3)	Wahre Liebe / Die Maschine
Lehrervortrag		
Schüler lesen mit		
Spontanäußerungen		

III. Arbeit am Text

		L: Gib kurz den Inhalt beider Geschichten wieder.
Aussprache		
Zsf.	TA	① Wahre Liebe
		Ein Computer wird immer menschlicher, verliebt sich in das Mädchen, das er mit Hilfe seines Programmierers aus Tausenden von Mädchen ausgewählt hat, und schaltet letztlich den Menschen als Mitkonkurrenten aus.
		② Die Maschine
		Ohne den Menschen ist die Maschine, so mächtig und erhaben sie auch aussieht, hilflos.
St. Impuls	TA	① Monument = Denkmal, Zeichen
		② monoton = eintönig
		③ Antagonismus = Gegensatz, Widerstreit
Aussprache		
		L: Welche Stellung haben Mensch und Maschine in beiden Geschichten?
Aussprache		

IV. Wertung

Leitfragen		
Aussprache	TA	❶ Was fällt dir bei der Sprache Kunerts auf?
		Antithetischer Aufbau der Sprache Kunerts („Maschine" – „unansehnliches Teil")
		❷ Worauf will Kunert mit seinem Text aufmerksam machen?
Aussprache		
Ergebnis	TA	Der Mensch hat in unserer mechanisierten Welt immer weniger Wert. Das ist aber gefährlich, denn ohne Mensch ist die ganze Technik am Ende.

V. Sicherung

Zsf.	AB	Die Maschine
Kontrolle	Folie	

VI. Ausweitung

	Folie	Verfasserinformation: Isaac Asimov
Aussprache		

Wahre Liebe
(Isaac Asimov)
Übersetzung: Tony Westermayr

Ich heiße Joe. So nennt mich mein Kollege Milton Davidson. Er ist Programmierer, und ich bin ein Computer.
Ich bin ein Teil der Multivac-Anlage und mit den anderen Nebenanlagen auf der ganzen Welt verbunden. Ich weiß alles. Fast alles.
Ich bin Miltons Privatcomputer. Sein Joe. Er versteht mehr von Computern als jeder andere auf der Welt, und ich bin sein Versuchsmodell. Er hat dafür gesorgt, dass ich besser sprechen kann als jeder andere Computer.
„Es geht nur darum, Laute für Symbole zu finden, Joe", hat er mir erklärt. „So funktioniert das im menschlichen Gehirn, obwohl wir immer noch nicht wissen, welche Symbole sich im Gehirn befinden. Ich kenne die Symbole in deinem und kann sie zu den entsprechenden Wörtern fügen."
Ich rede also. Ich rede nicht so gut wie ich denke, aber Milton sagt, ich spräche sehr gut.
Milton hat nie geheiratet, obwohl er schon fast vierzig ist. Er hat nie die richtige Frau gefunden, wie er mir sagt.
Eines Tages meinte er: „Ich finde sie schon noch, Joe. Ich werde die allerbeste finden. Ich werde die wahre Liebe kennen lernen, und du wirst mir dabei helfen. Ich habe es satt, dich zu verbessern, um die Probleme der Welt zu lösen. Löse mein Problem. Finde die wahre Liebe für mich."
Ich fragte: „Was ist wahre Liebe?" „Lass gut sein. Das ist abstrakt. Such mir das ideale Mädchen. Du bist an den Multivac-Komplex angeschlossen, also kannst du die Datenspeicher jedes Menschen auf der Welt erreichen. Wir sondern sie alle nach Gruppen und Klassen aus, bis nur eine einzige Person übrig bleibt. Die perfekte Person. Sie wird für mich sein."
„Ich bin bereit", sagte ich. „Sondere zuerst alle Männer aus", befahl er.
Das war einfach. Seine Worte setzten Symbole in meinen Molekularventilen in Tätigkeit. Ich konnte hinausgreifen und Verbindung mit den gesammelten Daten aller Menschen auf der Welt aufnehmen. Auf seine Worte hin zog ich mich von 3 784 982 874 Männern zurück. Ich hielt die Verbindung mit 3 876 112 090 Frauen aufrecht.
„Sondere alle aus, die jünger sind als fünfundzwanzig und älter als vierzig", sagte er.
Dann ordnete er an: „Sondere alle mit einem Intelligenzquotienten unter hundertzwanzig aus, alle mit einer Größe unter einsfünfzig und über einsfünfundsiebzig."
Er nannte mir genaue Maßzahlen; er sonderte Frauen aus mit lebenden Kindern und solche mit bestimmten genetischen Eigenschaften.
„Bei der Farbe der Augen bin ich mir nicht sicher", sagte er. „Lassen wir das noch. Aber keine roten Haare. Ich mag rote Haare nicht." Nach zwei Wochen waren wir bei nur mehr 235 Frauen. Sie sprachen alle sehr gutes Englisch. Milton erklärte, er wünsche kein Verständigungsproblem. Selbst eine Computer-Übersetzung sei bei intimen Augenblicken im Wege.
„Ich kann nicht mit 235 Frauen sprechen", sagte er. „Das würde zu viel Zeit kosten, und die Leute kämen dahinter, was ich mache."
„Das gäbe Schwierigkeiten", sagte ich. Milton hatte mich so verändert, dass ich Dinge tun konnte, für die ich nicht gebaut worden war. Niemand sonst wusste davon.
„Es geht sie nichts an", stellte er fest, und seine Gesichtshaut färbte sich rot. „Ich will dir etwas sagen, Joe. Ich bringe Hologramme und du vergleichst die Liste auf Ähnlichkeiten hin."
Er brachte Hologramme von Frauen.
„Das sind drei Schönheitsköniginnen. Stimmt eine der 235 damit überein?"
Acht hatten sehr viel Ähnlichkeit, und Milton sagte: „Gut, du hast ihre Datenspeicher. Befass dich mit Voraussetzungen und freien Stellen auf dem Arbeitsmarkt und sorg dafür, dass sie hier eingestellt werden. Eine nach der anderen, versteht sich." Er dachte eine Weile nach, bewegte die Schultern auf und ab und sagte: „In alphabetischer Reihenfolge."
Das gehört zu den Dingen, die ich eigentlich nicht können soll. Menschen aus persönlichen Gründen von Arbeitsplatz zu Arbeitsplatz verschieben, wird Manipulation genannt. Ich konnte das jetzt, weil Milton dafür gesorgt hatte. Ich durfte es aber nur für ihn tun.

50 Das erste Mädchen kam eine Woche später. Miltons Gesicht färbte sich rot, als er sie sah.

Er sprach so, als falle es ihm schwer. Sie waren viel zusammen, und mich
55 beachtete er nicht. Einmal sagte er: „Ich möchte Sie zum Abendessen ausführen."

Am nächsten Tag sagte er zu mir: „Aus irgendeinem Grund war es
60 nichts. Es fehlte etwas. Sie ist eine wunderschöne Frau, aber von wahrer Liebe habe ich nichts gespürt. Versuch es mit der nächsten."

Es war bei allen acht Frauen das glei-
65 che. Sie waren einander sehr ähnlich. Sie lächelten viel und hatten angenehme Stimmen, aber Milton stellte jedesmal fest, dass es nicht die richtige war. „Ich kann das nicht begrei-
70 fen, Joe", sagte er zu mir. „Du und ich, wir haben die acht Frauen ausgesucht, die mir von allen auf der Welt am besten gefallen. Sie sind ideal. Warum sind sie nicht die richtigen für mich?"

„Bist du der richtige für sie?", fragte ich.

75 Seine Augenbrauen bewegten sich, und er drückte eine Faust ganz fest in die Fläche der anderen Hand. „Das ist es, Joe. Es darf keine Einbahnstraße sein. Wenn ich nicht ihr Ideal bin, können sie sich nicht so verhalten, dass sie mein Ideal sind. Ich muss auch ihre wahre Liebe sein, aber wie mache ich das?"

Er schien den ganzen Tag nachzudenken.

Am nächsten Morgen kam er zu mir und sagte: „Ich werde das dir überlassen, Joe. Dir allein. Du hast
80 meinen Datenspeicher, und ich werde dir alles erzählen, was ich über mich weiß. Du ergänzt meinen Datenspeicher in jeder denkbaren Beziehung, behältst das Zusätzliche aber für dich."

„Was soll ich dann mit dem Datenspeicher machen, Milton?"

„Dann vergleichst du ihn mit den 235 Frauen. Nein, 227. Lass die acht weg, die ich gesehen habe. Sorg dafür, dass jede sich einer psychiatrischen Untersuchung unterzieht. Füll ihre Datenspeicher auf und
85 vergleich sie mit dem meinigen. Stell Übereinstimmungen fest."

Psychiatrische Untersuchungen zu veranlassen, gehört ebenfalls zu den Dingen, die meinem Originalprogramm widersprechen.

Milton berichtete mir wochenlang. Er erzählte mir von seinen Eltern und Geschwistern. Er schilderte seine Kindheit, seine Schulzeit und sein Heranwachsen. Er sprach über die jungen Frauen, die er aus
90 der Ferne bewundert hatte.

Sein Datenspeicher wuchs, und er veränderte mich, damit ich meine Symbolaufnahme erweitern und vertiefen konnte.

„Siehst du, Joe", sagte er, „je mehr du von mir aufnimmst, desto genauer passe ich dich an mich an. Du denkst immer mehr wie ich, und so verstehst du mich besser. Wenn du mich gut genug verstehst, dann
95 wird jede Frau, deren Datenspeicher du ebensogut verstehst, meine wahre Liebe sein."

Er sprach weiter mit mir, und ich verstand ihn immer besser.

Ich konnte längere Sätze formulieren, und mein Wortschatz wurde immer vielseitiger. Meine Ausdrucksweise wurde der seinen in jeder Beziehung immer ähnlicher.

Einmal sagte ich zu ihm: „Siehst du, Milton, es kommt nicht nur darauf an, ein Mädchen zu finden, das
100 einem körperlichen Idealbild entspricht. Du brauchst ein Mädchen, das persönlich, von den Gefühlen und vom Temperament her zu dir passt. Wir werden auch jemand finden, dem es gleichgültig ist, wie du aussiehst oder wie irgendein Mensch aussieht, wenn nur die Persönlichkeiten zueinander passen. Was bedeutet schon das Aussehen?"

„Völlig richtig", sagte er. „Ich hätte das auch gewusst, wenn ich in meinem Leben mehr mit Frauen zu tun gehabt hätte. Wenn man darüber nachdenkt, wird natürlich alles klar."
Wir stimmten stets überein; wir dachten ganz ähnlich.
„Wir sollten jetzt keine Schwierigkeiten mehr haben, Milton, wenn du mich Fragen stellen lässt. Ich kann in deinem Datenspeicher jetzt Lücken und Ungleichmäßigkeiten erkennen."
Was nun folgte, entsprach nach Miltons Meinung einer gründlichen Psychoanalyse. Natürlich. Ich lernte aus der psychiatrischen Untersuchung der 227 Frauen – die ich alle scharf überwachte.
Milton schien recht glücklich zu sein.
„Mit dir zu reden ist beinahe so, als spräche man mit einem zweiten Ich. Unsere Persönlichkeiten stimmen jetzt völlig überein."
„So wird es bei der Frau, die wir aussuchen, auch sein."
Denn ich hatte sie gefunden, und sie war doch eine von den 227. Sie hieß Charity Jones und war Auswerterin an der Geschichtsbibliothek in Wichita. Ihr erweiterter Datenspeicher entsprach dem unsrigen vollkommen. Alle anderen Frauen waren bei der Auffüllung der Datenspeicher aus dem einen oder anderen Grund ausgeschieden worden, aber mit Charity bestand eine zunehmende und erstaunliche Übereinstimmung.
Ich brauchte sie Milton nicht zu beschreiben. Milton hatte meinen Symbolismus mit dem seinen so eng verknüpft, dass ich den Gleichklang direkt feststellen konnte. Er passte auf mich.
Nun kam es darauf an, die Arbeitslisten und Einstellungsvoraussetzungen so anzupassen, dass Charity uns zugeteilt wurde. Das musste sehr umsichtig geschehen, damit niemand erfuhr, dass etwas Unzulässiges vorgekommen war.
Milton wusste natürlich davon. Schließlich war er derjenige gewesen, der das Ganze veranlasst hatte, und auch das musste berücksichtigt werden.
Als man kam, um ihn wegen strafbarer Handlungen am Arbeitsplatz festzunehmen, geschah das zum Glück einer Sache wegen, die zehn Jahre zurücklag. Er hatte mir natürlich davon erzählt, so dass sich alles leicht einrichten ließ – und er wird von mir nichts erzählen, weil sein Vergehen dadurch viel schlimmer werden würde.
Er ist fort.
Und morgen ist der 14. Februar. Valentinstag. Charity wird kommen, mit ihren kühlen Händen und ihrer süßen Stimme. Ich werde ihr beibringen, wie sie mich bedienen und mich versorgen muss.
Was für eine Rolle spielt das Aussehen, wenn unsere Persönlichkeiten im Gleichklang sind.
Ich werde zu ihr sagen: „Ich bin Joe, und du bist meine wahre Liebe."

Die Maschine
(Günter Kunert)

Erhaben und in einsamer Größe reckte sie sich bis unters Werkhallendach; schuf sogleich die Vorstellung, Monument des Zeitalters zu sein und diesem gleich: stampfend, gefahrvoll, monoton und reichlich übertrieben. Und vor allem: Auch sie produzierte einzig und allein durch gegensätzliche Bewegung unterschiedlicher Kräfte, durch einen gezähmten Antagonismus all ihrer Teile.
Aber in diesem wundervollen System blitzender Räder, blinkender Kolben, sich hebender und sich senkender Wellen war ein unansehnliches Teil, das wie von Schimmel überzogen schien und das sich plump und arhythmisch regte. Ein hässlicher Zusatz an der schönen Kraft. Ein Rest von Mattigkeit inmitten der Dynamik.
Als um die Mittagszeit ein Pfiff ertönte, löste sich dieses Teil von der Maschine und verließ die Halle, während die Maschine hilflos stehen blieb, zwiefach: in sich und am Ort. Plötzlich erwies sich, das billigste Teil und das am schlimmsten vernachlässigte war das teuerste und nur scheinbar ersetzlich. Wo es kaputt geht, wird es nicht lange dauern, bis über den Beton Gras gewachsen ist.

aus: Günter Kunert: Tagträume in Berlin und andernorts. Kleine Prosa, Erzählungen, Aufsätze.
© 1972 Carl Hanser Verlag München-Wien.

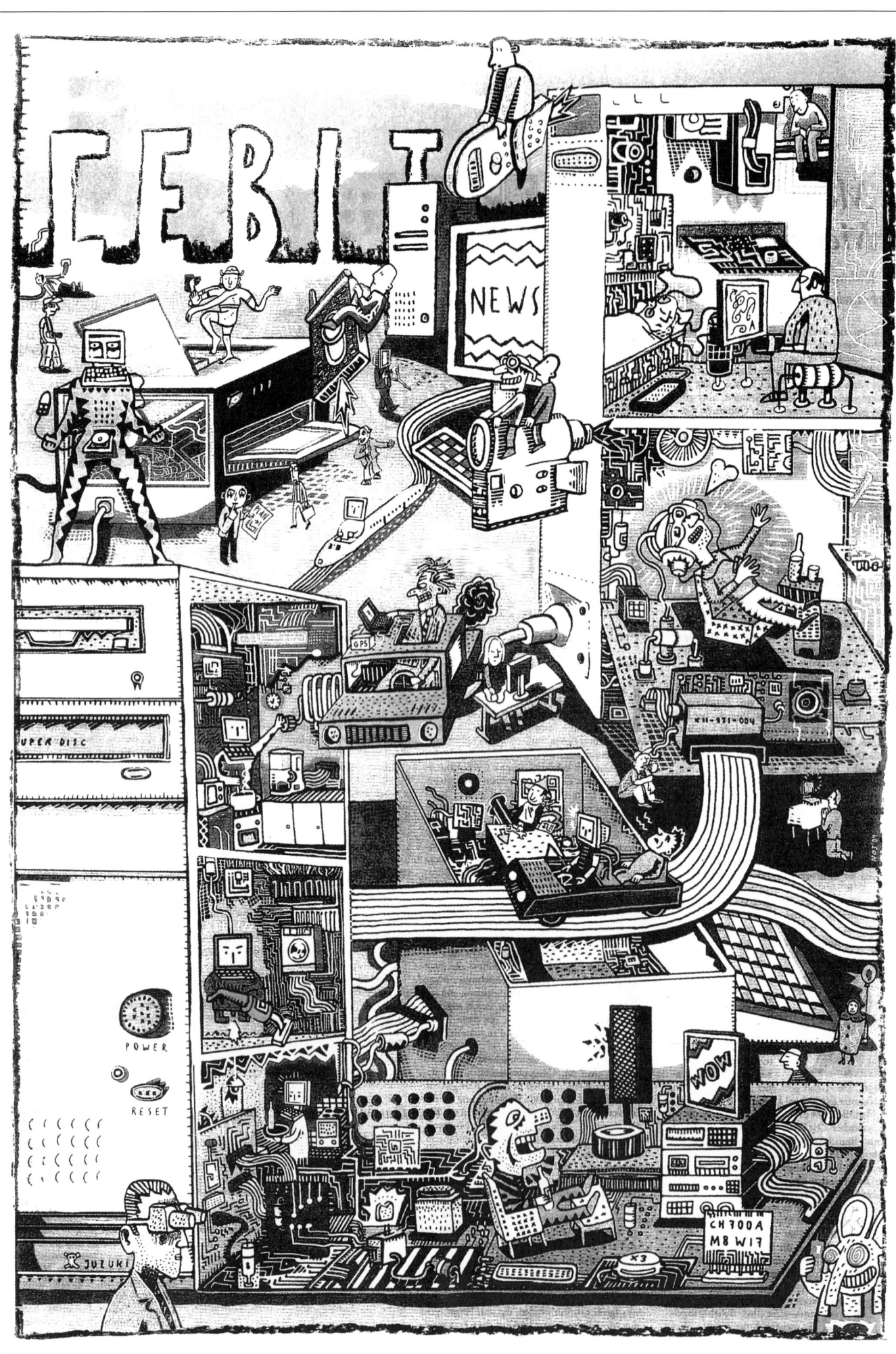

Arbeitsblatt: Die Maschine

Die Maschine
(Günter Kunert)

❶ Die Parabel Kunerts gliedert sich in drei Abschnitte. Beschreibe sie kurz.

_____
_____
_____
_____
_____
_____

❷ Wie wird das „unansehnliche Teil" beschrieben?

_____
_____

❸ Was ist das „unansehnliche Teil"? Welche Bedeutung hat es?

_____
_____
_____

❹ Worum geht es in dieser Parabel? Worauf will der Autor aufmerksam machen?

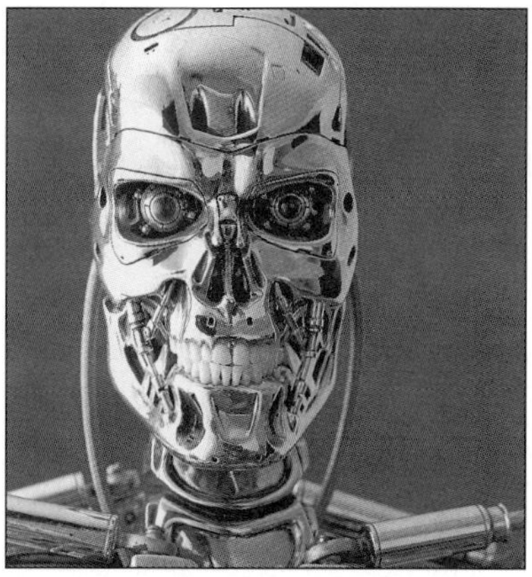

_____
_____
_____
_____
_____
_____
_____

❺ In Sciencefiction-Geschichten haben Maschinen oft einen anderen Stellenwert. Welchen? Ist das realistisch?

_____
_____
_____
_____

❻ Was will die Karikatur rechts aussagen?

_____
_____
_____
_____
_____
_____

„Ich habe die Fehlerquelle gefunden: ein total veraltetes Einbauteil!"

111

Lösungsblatt: Die Maschine

Die Maschine
(Günter Kunert)

❶ **Die Parabel Kunerts gliedert sich in drei Abschnitte. Beschreibe sie kurz.**

Im ersten Abschnitt wird die Maschine geradezu hymnisch mit all ihren Vorzügen beschreiben. Im zweiten Abschnitt wird der Wert der Maschine im Vergleich mit einem „unansehnlichen Teil" noch deutlicher herausgestellt. Erst im dritten Abschnitt merkt man, dass die ganze Pracht der Maschine ohne dieses „unansehnliche Teil" absolut nutzlos ist.

❷ **Wie wird das „unansehnliche Teil" beschrieben?**

„plump", „arhythmisch", „ein hässlicher Zusatz", „ein Rest von Mattigkeit", „von Schimmel überzogen"

❸ **Was ist das „unansehnliche Teil"? Welche Bedeutung hat es?**

Das „unansehnliche Teil" ist der Mensch. Das scheinbar „billigste Teil" erweist sich als das wertvollste, denn ohne den Menschen ist selbst die kostbarste Maschine handlungsunfähig und damit wertlos.

❹ **Worum geht es in dieser Parabel? Worauf will der Autor aufmerksam machen?**

In Kunerts Parabel geht es um den Wert und die Bedeutung von Mensch und Maschine. In unserer maschinen- und technikgläubigen Zeit hat „das am schlimmsten vernachlässigte Teil", der Mensch nämlich, scheinbar keinen Wert mehr – eine fatale Entwicklungstendenz. Noch immer sollte es so sein, dass Maschinen und Technik dem Menschen dienen und nicht umgekehrt. Kunerts letzter Satz ist eine deutliche Warnung: Wenn der Mensch „kaputt geht", ist die ganze Technik am Ende, über sie „wächst Gras".

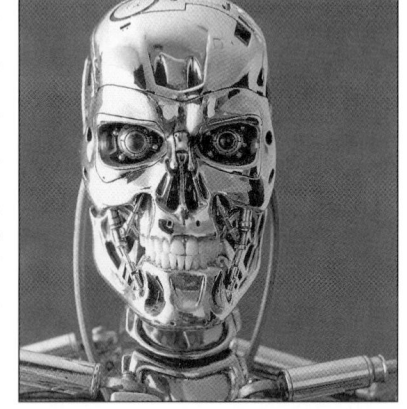

❺ **In Sciencefiction-Geschichten haben Maschinen oft einen anderen Stellenwert. Welchen? Ist das realistisch?**

Maschinen reproduzieren sich selbst und sind nicht mehr auf Menschen angewiesen. Sie können logisch denken, reden und handeln und haben sogar Gefühle.

❻ **Was will die Karikatur rechts aussagen?**

Vordergründig besagt sie, dass der Mensch in unserer Industriegesellschaft fehl am Platz ist. Sie gibt aber auch zu überlegen, dass der Mensch zwar mehr Fehler macht als eine Maschine und auch müde wird, aber nur er kann kreativ tätig sein.

„Ich habe die Fehlerquelle gefunden: ein total veraltetes Einbauteil!"

Sechsjähriger / Achtjähriger (Reiner Kunze)
Kleine Begebenheit (Kurt Tucholsky)

Lernziele
- Kennenlernen der Parabeln von Kunze und Tucholsky
- Herausfinden der Verfasserintentionen
- Beurteilung der Erzählperspektive
- Wissen um die Problemkreise „Vorurteile" und „Feindbilder"
- Wissen um die Entstehung von Vorurteilen und Feindbildern
- Möglichkeiten der sinnvollen Auseinandersetzung mit Vorurteilen und Feindbildern

Arbeitsmittel / Medien / Literaturhinweise
- Textblatt
- Arbeitsblatt mit Lösung
- Folie (Vorurteil)
- Folie (Karikatur: Toleranz)
- Folien (Verfasserinformationen)

Tafelbild/Folien

Reiner Kunze

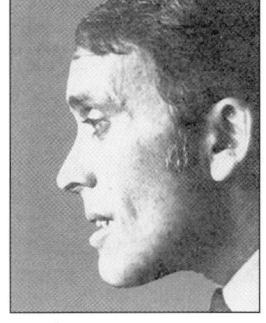

Er wurde am 16. August 1933 in Oelsnitz im Erzgebirge als Sohn eines Bergarbeiters geboren. Nach dem Eintritt in die SED 1949 studierte er von 1951 an Philosophie und Journalistik an der Karl-Marx-Universität in Leipzig. 1953 veröffentlichte er seine ersten Gedichte in der Zeitschrift „Neue Deutsche Literatur". 1959 musste Kunze kurz vor seiner Promotion die Universität verlassen, weil ihm vorgeworfen wurde, konterrevolutionäre Verbindungen zu unterhalten. Er arbeitete zwei Jahre lang als Hilfsschlosser im Schwermaschinenbau, ehe er freischaffender Schriftsteller wurde. Nach der gewaltsamen Beendigung des „Prager Frühlings" 1969 trat Kunze aus der SED aus. Ab diesem Zeitpunkte konnte er fast nur noch in der BRD veröffentlichen. Zum endgültigen Bruch mit der DDR-Regierung kam es 1976 mit der Veröffentlichung des Prosabands „Die wunderbaren Jahre", in dem er in Momentaufnahmen den Alltag der DDR-Jugend beschreibt, die zu Anpassung und Gehorsam erzogen wurde. 1977 siedelte Kunze in die Bundesrepublik über.
Der Schriftsteller wurde mit zahlreichen Preisen bedacht, u. a. mit dem „Georg-Büchner-Preis" (1978), dem „Geschwister-Scholl-Preis" (1981), dem „Großen Bundesverdienstkreuz" (1993), dem „Europapreis Poesie" (1998) und dem „Friedrich-Hölderlin-Preis der Stadt Homburg" (1999).

Kurt Tucholsky

Er wurde am 9. Januar 1890 als Sohn eines jüdischen Kaufmanns in Berlin geboren. Nach dem Abitur begann er 1909 ein Jurastudium in Berlin und Genf. 1911 veröffentlichte er Beiträge und Gedichte in der SPD-Zeitschrift „Vorwärts". Nach dem Erscheinen seines Kurzromans „Rheinsberg – ein Bilderbuch für Verliebte" (1912) wurde Tucholsky 1913 Literatur- und Theaterkritiker der Zeitschrift „Die Schaubühne", die 1918 in „Die Weltbühne" umbenannt wurde. 1915 schloss Tucholsky sein Jurastudium mit Promotion ab. Während des Ersten Weltkriegs diente er im Heer. 1918 wurde Tucholsky Chefredakteur der Zeitschrift „Ulk" in Berlin, wo er 1920 Else Weil heiratete. Als Korrespondent war er ab 1924 in Paris für verschiedene Zeitungen tätig, wobei er unter verschiedenen Pseudonymen schrieb. Nach der Scheidung von Weil heiratete er 1924 Mary Gerold, von der er sich 1933 trennte. 1929 emigrierte er nach Schweden, wo 1931 sein Roman „Schloss Gripsholm" erschien. 1933 wurden Tucholskys Bücher von den Nazis verbrannt. Im selben Jahr folgte seine Ausbürgerung aus Deutschland. Am 21. Dezember 1935 starb er in Hindas in Schweden an den Folgen eines Selbstmordversuchs.

Stundenbild

I. Hinführung

St. Impuls	Folie	Verfasserinformationen: Reiner Kunze / Kurt Tucholsky
Überleitung		L: Kennenlernen von drei kurzen Geschichten dieser beiden Autoren
Zielangabe	TA	• *Sechsjähriger / Achtjähriger (Reiner Kunze)* • *Kleine Begebenheit (Kurt Tucholsky)*

II. Darbietung des Textes

	Textblatt	• Sechsjähriger / Achtjähriger • Kleine Begebenheit
Lehrervortrag Schüler lesen mit Spontanäußerungen		

III. Arbeit am Text

		L: Gib kurz den Inhalt der drei Geschichten wieder.
Aussprache		
Zsf.	TA	① Sechsjähriger: Spielzeugsoldaten – die anderen – werden getötet. ② Achtjähriger: Mit Spielzeugpistolen unaufhörlich auf andere schießen ③ Kleine Begebenheit: Zwei Serben werden von deutschen Soldaten getötet, die sich freiwillig zum Erschießungskommando gemeldet haben.
Aussprache		L: Wie wird erzählt?
Ergebnis	TA	Scheinbar naiv, lapidar berichtend und unbeteiligt; der Erzähler kennt die Gefühle und Wünsche der Figuren, weiß deren Berufe. L: Was meinst du zur Überschrift?
Ergebnis	TA	Keine „kleine", sondern ungeheuerliche „Begebenheit", die sich überall und jeden Tag im Krieg als groteskes Schauspiel „kleiner" und „sonst braver" Leute ereignen kann.

IV. Wertung

Leitfragen		
	TA	❶ Was fällt dir bei der Sprache Tucholskys auf? Elemente der modernen Kurzgeschichte wie Verknappung und Aussparung, Lapidarstil, Verengung und Verkleinerung der Perspektive ❷ Welche Kritik üben die Verfasser? ❸ „Feindbilder" heute?
Ergebnis	TA	Sinti, Roma („Zigeuner"); Gastarbeiter; Juden (Antisemitismus); Polen-, Russenbild; Farbige; Türken; Moslems; Aussiedler; „Ossis"/„Wessis"; Arbeitslose; Obdachlose („Penner")
	Informationsblatt	Vorurteil
Aussprache		

V. Sicherung

Zsf.	AB	Sechsjähriger / Achtjähriger / Kleine Begebenheit
Kontrolle	Folie	

Sechsjähriger
(Reiner Kunze)

Er durchbohrt Spielzeugsoldaten mit Stecknadeln. Er stößt sie ihnen in den Bauch, bis die Spitze aus dem Rücken tritt. Er stößt sie ihnen in den Rücken, bis die Spitze aus der Brust tritt. Sie fallen.
„Und warum gerade diese?"
„Das sind doch die andern!"

Achtjähriger
(Reiner Kunze)

„Sie waren aus P., und wir bekamen den Zeltplatz neben ihnen zugewiesen", sagte der Mann aus W. „Wir brauchten uns nur zu zeigen – schon wurden wir von dem Jungen im Nachbarzelt mit einer Spielzeugpistole beschossen. Als unsere beiden Jungs ihn zur Rede stellten, sagte er, sein Vater habe gesagt, wir seien Feinde – und sofort zog er sich wieder in den Zelteingang zurück und eröffnete das Feuer auf sie. Unsere Jungs waren schnell damit fertig: Der spinnt. Ich muß Ihnen aber sagen, als ich nach acht Tagen noch immer nicht ins Auto steigen konnte, ohne eine Mündung auf mich gerichtet zu sehen, ging mir das auf die Nerven!"

Kleine Begebenheit
(Kurt Tucholsky)

Der Strumpfwirker und der Bauerssohn waren in der Nacht von einem Ackergraben in den andern geklettert – warum sie es getan hatten, wussten sie nicht. Man hatte ihnen gesagt, sie sollten es tun. Herren, die lesen und schreiben konnten, hatten es ihnen gesagt. Im andern Ackergraben hatte man sie gleich angehalten, in derselben Nacht noch, und, weil sie fremdgefärbte Kleider anhatten, sie sehr geschlagen und in ein Haus gesperrt. Nachher saß ein Advokat hinter einem Tisch – er war so froh, hinter diesem Tisch sitzen zu dürfen! – und schrieb auf, was der Strumpfwirker und der junge Bauer zu sagen wussten. Da war noch ein Gastwirt, der schlug sie, wenn sie nicht genug sagten. Ein Besucher kam zu ihnen und sagte, man würde sie töten – und zwei Leute, ein Steinklopfer und ein junger Mensch, der noch keinen Beruf hatte und bei den Eltern lebte, bewachten sie von Stund an.

Vierundzwanzig Menschen wurden benötigt, um die beiden totzuschießen. Es meldeten sich, freiwillig, achtzig. Achtzig – darunter waren Verheiratete und Ledige, Stille und Freche, Kräftige und Schlappe – sonst brave Leute, die keinem etwas zuleide taten und die nur so gern einmal dabeisein wollten, um zu sehen, wie das wäre, wenn einer totgeschossen würde. Mehr: die ihn selbst totschießen wollten. Denn es war erlaubt... Befehligt wurden sie von einem Kohlenhändler.

Am Morgen dieses Tages erschien der traurige Zug auf dem ungeheuren Schneefeld südlich des Dorfes. Voran der Bauer und der Strumpfwirker, zwischen zwei Leuten von denen, die man aus den achtzig ausgesucht hatte; ein Arzt aus einer großen Stadt, der dergleichen noch nicht gesehen hatte und gleichfalls begierig war, es zu sehen; und der Kohlenhändler mit seinen Leuten. Die beiden in dünnen Jacken zitterten vor Kälte und Todesfurcht. Der Zug machte hinter den Scheunen halt. Der Advokat, der mitgegangen war, zeigte den beiden ein Papier; aber sie froren und konnten auch nicht lesen. Man stellte sie an kleine schwarze Pfähle. Der Kohlenhändler sagte zu seinen Leuten, sie sollten ihre Gewehre laden. Er sagte es sehr laut, obgleich er nahe bei ihnen stand. Er hätte gewünscht, dass ihn seine Frau so sähe, wie er, der sonst Kohlen verkaufte, hier zwei Leute totschießen durfte. Die Schüsse knallten. Die beiden fielen um wie leere Säcke. Der Arzt aus der großen Stadt ging hin und sah sich genau ihre Wunden an. Dann verscharrte man sie.

Ich habe vergessen zu erzählen, dass alle verkleidet waren: die Gerichteten als serbische, die Henker als deutsche Soldaten.

Vorurteil

In der öffentlichen Alltagsdiskussion wird häufig als Gegenmittel zu Vorurteilen die Bereitstellung von Informationen über etikettierte, stigmatisierte Gruppen genannt. Dieser Umgang mit Vorurteilen in aufklärerischer Absicht greift zu kurz. Wir alle haben Vorurteile. Vorurteile sind unvermeidlich, ja sogar eine Orientierungshilfe. Vorurteile erfüllen bestimmte Funktionen.

Funktion 1:
Vorurteile dienen der Orientierung in unübersichtlichen Situationen und Verhältnissen. Vorurteile erlauben damit Verhaltenssicherheit, stellen Eindeutigkeit her und reduzieren Unsicherheit; sie sind „identitätsstiftend"; sie sichern die Herstellung und Aufrechterhaltung von Selbstwertgefühl.

Funktion 2:
Vorurteile dienen der Gruppenbildung durch Ein- und Ausgrenzungen. Vorurteile erlauben die Konzeption eines positiven Selbstkonzepts der Eigengruppe und eines negativen Konzepts von Fremdgruppen; sie ermöglichen Diskriminierung ohne Gewissenskonflikt bei gleichzeitiger Aufrechterhaltung des Toleranzgebots.

Funktion 3:
Vorurteile dienen der Legitimation und Rechtfertigung von Herrschaftsausübung. Vorurteile helfen dabei, den Status quo der Machtverteilung zwischen Majoritäten und Minoritäten zu erhalten; sie dienen der Sicherung des Machtgefälles zwischen Majoritäten und Minoritäten. Für Minoritäten resultiert hieraus eine relative Sicherheit innerhalb bestehender Machtgefälle.

Funktion 4:
Vorurteile dienen der Stabilisierung von Herrschaftsverhältnissen durch Bereitstellung von „Sündenböcken" und Mythenbildung.

Vorurteile sind nicht gleichzusetzen mit vorurteilsvollem Handeln. Einerseits können wir Vorurteile haben und äußern, ohne dass daraus ein vorurteilsvolles Handeln entstehen würde. Andererseits können wir unsere Vorurteile verbal geschickt verstecken und trotzdem vorurteilsvoll handeln.

Vorurteile können durch Aufklärung, Information oder Begegnungen und konkrete Erfahrungen in Urteile verändert werden. Hierdurch werden aber Abgrenzungsbedürfnisse nicht aufgehoben. Die einmalige Unterrichtseinheit über Vorurteile führt zu lauter Schülern und Schülerinnen, die keine Vorurteile mehr zugeben. Die dauerhafte Überwindung eines Vorurteils setzt voraus, dass eine als positiv erlebte Erfahrung mit Angehörigen einer Fremdgruppe nicht als Ausnahme interpretiert, sondern als Erwartung an alle Angehörigen dieser Fremdgruppe gerichtet werden kann.

Arbeitsblatt: Sechsjähriger/Achtjähriger

Sechsjähriger / Achtjähriger
(Reiner Kunze)

Die beiden kurzen Texte sind Reiner Kunzes Buch „Die wunderbaren Jahre" (1976) entnommen, in dem er über die Situation der Kinder und Jugendlichen in der damaligen DDR berichtet.

❶ Wie wirken die beiden Parabeln auf dich?

❷ Wofür sind die beiden kurzen Texte ein Beispiel?

❸ Welche Aussage will Kunze mit den beiden Texten treffen?

Brandanschlag in Mölln am 24. November 1992

❹ Kennst du Vorurteile und Feindbilder heute?

Kleine Begebenheit
(Kurt Tucholsky)

Dieser Text erschien 1921 in der Berliner Wochenzeitung „Die Weltbühne", deren Mitarbeiter und zeitweiliger Chefredakteur Tucholsky war.

❶ Tucholsky verfremdet seinen Text. Wie macht er das?

❷ Die Geschichte besteht aus drei Teilen. Aus welchen?

❸ Welche Kritik übt Tucholsky?

117

Lösungsblatt: Sechsjähriger/Achtjähriger

Sechsjähriger / Achtjähriger
(Reiner Kunze)

Die beiden kurzen Texte sind Reiner Kunzes Buch „Die wunderbaren Jahre" (1976) entnommen, in dem er über die Situation der Kinder und Jugendlichen in der damaligen DDR berichtet.

❶ **Wie wirken die beiden Parabeln auf dich?**
Die beiden Texte wirken in ihrer Kürze befremdend, ja sogar abstoßend. Man fühlt sich fast schockiert.

❷ **Wofür sind die beiden kurzen Texte ein Beispiel?**
Kunze will aufzeigen, wie sich durch Sozialisation Vorurteile, Feindbilder und Feindbilddenken aufbauen können.

❸ **Welche Aussage will Kunze mit den beiden Texten treffen?**
Gerade unsere Kinder und Jugendlichen sind in ihrer Aggressivität ahnungslos. Ahnungslos als Täter, die stereotyp „das sind doch die andern" sagen, ahnungslos als „Opfer", die verharmlosend abwinken und meinen, „der (die) spinnt (spinnen) doch".

Brandanschlag in Mölln am 24. November 1992

❹ **Kennst du Vorurteile und Feindbilder heute?**
Vorurteilsbegriffe oder Parolen wie „Asylantenflut", „Russenmafia", „Überfremdung", „Deutschland den Deutschen", „Ausländer raus", „Zigeuner", „Juden", „Nigger", „Ossi/Wessi", „Penner"

Kleine Begebenheit
(Kurt Tucholsky)

Dieser Text erschien 1921 in der Berliner Wochenzeitung „Die Weltbühne", deren Mitarbeiter und zeitweiliger Chefredakteur Tucholsky war.

❶ **Tucholsky verfremdet seinen Text. Wie macht er das?**
Der Erzähler tut so, als wüsste er nicht, was da in Wirklichkeit vor sich geht. Eine Ungeheuerlichkeit wird als eine „kleinen Begebenheit" verniedlicht. Tucholsky nimmt den Figuren ihre Verkleidung als Soldaten und lässt sie nur Menschen sein, die Serben in ihrem hilflosen Ausgeliefertsein und die Deutschen in der Dummheit ihrer brutalen Unmenschlichkeit.

❷ **Die Geschichte besteht aus drei Teilen. Aus welchen?**
Zwei feindliche Soldaten werden gefangen genommen und verhört. Es melden sich 80 Freiwillige für das Erschießungskommando. Das Urteil wird vollstreckt.

❸ **Welche Kritik übt Tucholsky?**
Tucholsky kritisiert nach dem verlorenen Ersten Weltkrieg all jene „Herren", die schon wieder in kriegerischen Kategorien denken und in ihren Uniformen als „Verkleidung" chauvinistisch und selbstgefällig ihre Feindbilder aufbauen. Dabei benützen sie als willfährige Instrumente die „kleinen" und „sonst braven Leute", die nur Befehle ausführen.

Eis (Helga M. Novak)

Lernziele
- Kennenlernen einer Parabel von Helga M. Novak
- Wissen um den Aufbau der Parabel
- Nachdenken über die Metapher „Eis" und die Vielschichtigkeit ihrer Bedeutungen
- Erkenntnis, dass es um die wirklichen Probleme junger Menschen geht
- Transfer der Problematik der Parabel auf eigene Probleme und Erfahrungen

Arbeitsmittel/Medien/Literaturhinweise
- Textblatt
- Arbeitsblatt mit Lösung
- Folie (Verfasserinformation)
- Folie (Bilder)

Tafelbild/Folien

Helga M. Novak

Sie wurde 1935 in Berlin geboren und studierte Journalistik und Philosophie an der Universität in Leipzig. Dort arbeitete sie als Monteurin, Laborantin und Buchhändlerin. 1966 wurde ihr die Staatsbürgerschaft der DDR aberkannt. Als eine der ersten Dichterinnen wurde sie aus der DDR ausgewiesen. Heute lebt sie in Polen.

Preise, Auszeichnungen und Stipendien:
„Literaturpreis der Freien Hansestadt Bremen" (1968), Preis „Der erste Roman" (1979), „Stadtschreiberin von Bergen-Enkheim" (1979), „Wohnstipendium im Atelierhaus Worpswede" (1984), „Kranichsteiner Literaturpreis der Stadt Darmstadt" (1985), „Roswitha-Gedenkmedaille der Stadt Bad Gandersheim" (1989), „Gerrit-Engelke-Preis der Stadt Hannover" (1994), „Brandenburgischer Literaturpreis" (1997), „Ehrengabe der Bayerischen Akademie der Schönen Künste" (1998), „Ida-Dehmel-Literaturpreis" (2001).

Partnerschaftsprobleme

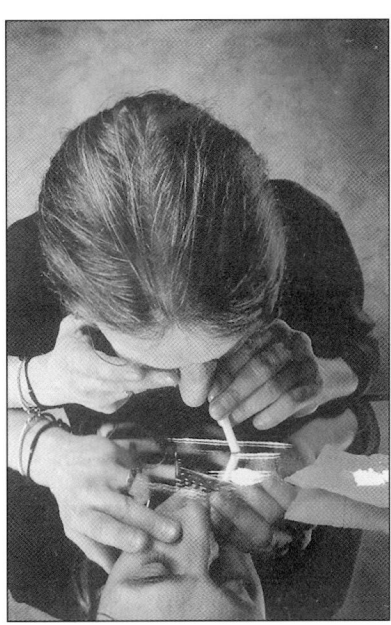

Drogen

Kontaktarmut/Isolation

Stundenbild

I. Hinführung

St. Impuls	TA	Eis
Aussprache		
Überleitung		L: Kennenlernen einer Geschichte mit diesem Titel
Zielangabe	TA	*Eis (Helga M. Novak)*
Lehrerinformation	Folie	Verfasserinformation: Helga M. Novak

II. Darbietung des Textes

                                 Textblatt   Eis

Lehrervortrag
Schüler lesen mit
Spontanäußerungen

III. Arbeit am Text

L: Gib kurz den Inhalt der Geschichte wieder.

Aussprache
Zsf.   TA   Ein Eis lutschender junger Mann versucht, mit einem älteren Mann auf einer Bank ins Gespräch zu kommen. Durch den provokanten Ton scheitert das Gespräch.

L: Wie reagiert der Herr auf der Bank? Warum gerade so?

Aussprache

L: Was erfährst du über die Mutter-Sohn-Beziehung?

Aussprache   TA   Sie ist stark gestört, was sich aus dem aggressiven Ton und der Konfliktlage des jungen Mannes schließen lässt. Dieser Mutterkomplex ist immer noch vorhanden. Auch das Lutschen kann man als Zeichen infantilen Verhaltens deuten.

L: Was meinst du zur letzten Äußerung des jungen Mannes?

Aussprache
Ergebnis   TA   Es gibt mehrere Deutungsmöglichkeiten. Nimmt man die Aussage wörtlich, ist sogar ein Vergiften der Mutter möglich. Der junge Mann wäre dann als Psychopath für andere gefährlich. Die Aussage kann aber auch erfunden sein, um zu provozieren. Sie zeigt auf jeden Fall die außerordentliche Gefährdung des jungen Mannes, der nicht gelernt hat, mit sich und der Welt fertig zu werden.

IV. Wertung

Leitfragen

❶ Das Wort „Eis" hat mehrere Bedeutungen. Überlege.

Aussprache
Ergebnis   TA
- „Eis" als Gefrorenes
- „Eis" als Symbol für eine Gefühlslage (kalte Berechnung)
- „Eis" als Symbol für eine Beziehungskrise

❷ Diese Parabel handelt auch von den wirklichen Problemen junger Leute. Inwiefern?

    TA   Bild: Am Zaun sitzendes Mädchen
    Folien   Partnerschaftsprobleme/Drogen/Kontaktarmut

Aussprache

V. Sicherung

Zsf.	AB	Eis
Kontrolle	Folie	

Eis
(Helga M. Novak)

Ein junger Mann geht durch eine Grünanlage. In einer Hand trägt er ein Eis. Er lutscht. Das Eis schmilzt. Das Eis rutscht an dem Stiel hin und her. Der junge Mann lutscht heftig, er bleibt vor einer Bank stehen. Auf der Bank sitzt ein Herr und liest eine Zeitung. Der junge Mann bleibt vor dem Herrn stehen und lutscht.

5 Der Herr sieht von seiner Zeitung auf. Das Eis fällt in den Sand.
Der junge Mann sagt, was denken Sie jetzt von mir?
Der Herr sagt erstaunt, ich? Von Ihnen? Gar nichts.
Der junge Mann zeigt auf das Eis und sagt, mir ist doch eben das Eis runtergefallen, haben Sie da nicht gedacht, so ein Trottel?
10 Der Herr sagt, aber nein. Das habe ich nicht gedacht. Es kann schließlich jedem einmal das Eis runterfallen.
Der junge Mann sagt, ach so, ich tue Ihnen Leid. Sie brauchen mich nicht zu trösten. Sie denken wohl, ich kann mir kein zweites Eis kaufen. Sie halten mich für einen Habenichts. Der Herr faltet seine Zeitung zusammen. Er sagt, junger Mann, warum regen Sie sich auf? Meinetwegen können Sie so viel
15 Eis essen, wie Sie wollen. Machen Sie überhaupt, was Sie wollen. Er faltet die Zeitung wieder auseinander.
Der junge Mann tritt von einem Fuß auf den anderen. Er sagt, das ist es eben. Ich mache, was ich will. Mich nageln Sie nicht fest. Ich mache genau, was ich will. Was sagen Sie dazu?
Der Herr liest wieder in der Zeitung.
20 Der junge Mann sagt laut, jetzt verachten Sie mich. Bloß, weil ich mache, was ich will. Ich bin kein Duckmäuser. Was denken Sie jetzt von mir?
Der Herr ist böse. Er sagt, lassen Sie mich in Ruhe. Gehen Sie weiter. Ihre Mutter hätte Sie öfter verhauen sollen. Das denke ich jetzt von Ihnen.
Der junge Mann lächelt. Er sagt, da haben Sie Recht.
25 Der Herr steht auf und geht.
Der junge Mann läuft hinterher und hält ihn am Ärmel fest. Er sagt hastig, aber meine Mutter war ja viel zu weich. Glauben Sie mir, sie konnte mir nichts abschlagen. Wenn ich nach Hause kam, sagte sie zu mir, mein Prinzchen, du bist schon wieder so schmutzig. Ich sagte, die anderen haben nach mir geworfen. Darauf sie, du sollst dich deiner Haut wehren. Lass dir nicht alles gefallen. Dann ich, ich habe
30 angefangen. Darauf sie, pfui, das hast du nicht nötig. Der Stärkere braucht nicht anzufangen. Dann ich, ich habe gar nicht angefangen. Die anderen haben gespuckt. Darauf sie, wenn du nicht lernst, dich durchzusetzen, weiß ich nicht, was aus dir werden soll. Stellen Sie sich vor, sie hat mich gefragt, was willst du denn mal werden, wenn du groß bist? Neger, habe ich gesagt. Darauf sie, wie ungezogen du wieder bist.
35 Der Herr hat sich losgemacht. Der junge Mann ruft, da habe ich ihr was in den Tee getan. Was denken Sie jetzt?

Arbeitsblatt: Eis

Eis
(Helga M. Novak)

❶ Beschreibe den erzählerischen Aufbau dieser Parabel.
_____
_____

❷ Mit welchen Mitteln versucht der junge Mann, herauszufordern und die Aufmerksamkeit auf sich zu lenken?
_____
_____
_____

❸ Wie reagiert der Herr auf der Bank? Wie verändern sich seine Reaktionen?
_____
_____

❹ Was erfährst du über die Mutter-Sohn-Beziehung?
_____
_____

❺ Die provokante Äußerung „Da habe ich ihr etwas in den Tee getan", ist nicht mehr an den Mann auf der Bank, sondern an den Leser gerichtet. Versuche, diese Aussage zu deuten.
_____
_____
_____
_____

❻ Das Wort „Eis" ist als Metapher gebraucht. Begründe.
_____
_____
_____
_____
_____

❼ Diese Parabel handelt auch von den wirklichen Problemen junger Menschen. Inwiefern?
_____
_____
_____
_____
_____
_____

Lösungsblatt: Eis

Eis
(Helga M. Novak)

❶ Beschreibe den erzählerischen Aufbau dieser Parabel.
① Einfache, banale Einleitung (Eis lutschender junger Mann trifft zeitungslesenden Herrn im Park) ② Hauptteil (immer aggressiver werdender Dialog) ③ Schluss (offen, provozierend)

❷ Mit welchen Mitteln versucht der junge Mann, herauszufordern und die Aufmerksamkeit auf sich zu lenken?
Provozierende Äußerungen des jungen Mannes mit der stereotypen Frage: „Was denken Sie (jetzt) von mir?" Operiert mit Unterstellungen, die sich als Projektionen des eigenen Selbstverständnisses erweisen ⇨ mit „Trottel", „Verachtung" meint sich der junge Mann selbst.

❸ Wie reagiert der Herr auf der Bank? Wie verändern sich seine Reaktionen?
Er versucht, sich von den Belästigungen zu befreien, versteckt sich hinter seiner Zeitung, weicht aus, ist empört, geht weg. Er sieht nicht die innere Not des anderen.

❹ Was erfährst du über die Mutter-Sohn-Beziehung?
Sie ist stark gestört, was sich aus dem aggressiven Ton und der Konfliktlage des jungen Mannes schließen lässt. Dieser Mutterkomplex ist immer noch vorhanden. Auch das Lutschen kann als Zeichen infantilen Verhaltens gedeutet werden.

❺ Die provokante Äußerung „Da habe ich ihr etwas in den Tee getan", ist nicht mehr an den Mann auf der Bank, sondern an den Leser gerichtet. Versuche, diese Aussage zu deuten.
Es gibt mehrere Deutungsmöglichkeiten. Nimmt man die Aussage wörtlich, ist sogar ein Vergiften der Mutter möglich. Der junge Mann wäre dann als Psychopath für andere gefährlich. Die Aussage kann aber auch erfunden sein, um zu provozieren. Sie zeigt auf jeden Fall die außerordentliche Gefährdung des jungen Mannes, der nicht gelernt hat, mit sich und der Welt fertig zu werden.

❻ Das Wort „Eis" ist als Metapher gebraucht. Begründe.
„Eis" als Bild der kalten, berechnenden Überlegenheit. Wenn es schmilzt, schwindet auch die Selbstsicherheit. Das Fallen des Eises symbolisiert, dass der junge Mann seinen Halt verloren hat.
„Eis" als Bild für die Beziehungskrise zwischen dem jungen Mann und seiner Mutter. Es symbolisiert die Kälte in dieser unzulänglichen zwischenmenschlichen Beziehung.

❼ Diese Parabel handelt auch von den wirklichen Problemen junger Menschen. Inwiefern?
Gerade Heranwachsende haben eine Menge Probleme wie innere Unsicherheit, Beziehungs- und Erziehungsstörungen, Generationenkonflikt, Gefährdung durch mangelnde und mangelhafte Kommunikation. Spitzen sich Probleme dieser Art zu, sind Jugendliche nicht nur aggressiv, sondern auch suizidgefährdet.

Der Fahrgast / Der Aufbruch (Franz Kafka)

Lernziele
- Kennenlernen der beiden kurzen Parabeln von Franz Kafka
- Wissen um die Wichtigkeit eines „Satz-für-Satz-Lesens" bei Kafka-Texten
- Versuch einer Analyse der Situation und der auftretenden Figuren
- Wissen, dass es bei Kafka kein Patentrezept zur Entschlüsselung seiner Texte gibt
- Erkenntnis, dass beide Texte eine Vielzahl an Deutungsmöglichkeiten zulassen

Arbeitsmittel / Medien / Literaturhinweise
- Textblatt
- Arbeitsblatt mit Lösung
- Bild für die Tafel: Reiter (A. Paul Weber)
- Folie (Verfasserinformation)

Tafelbild/Folien

Franz Kafka

Er wurde am 3. Juli 1883 in Prag als Sohn des jüdischen Kaufmanns Hermann Kafka und dessen Frau Julie geboren. Nach dem Abitur studierte er zwei Semester Germanistik, danach Jura an der Deutschen Universität in Prag. 1902 begann die Freundschaft Kafkas mit Max Brod, der ihn bei allen seinen Publikationen unterstützte. 1906 schloss Kafka sein Studium mit dem juristischen Doktorgrad ab und absolvierte eine einjährige vorgeschriebene Referendarszeit beim Prager Land- und Strafgericht. Nach einem Jahr als Aushilfskraft in einer privaten Versicherungsgesellschaft arbeitete Kafka von 1908 bis 1922 in der staatlichen „Arbeiter-Unfall-Versicherungs-Anstalt". 1909 lernte er bei Zusammenkünften tschechischer Anarchisten die Lehren russischer Revolutionäre kennen. 1910 begann Kafka mit seinen Tagebuchaufzeichnungen. 1911 hielt er sich aufgrund einer Lungenkrankheit fast ein ganzes Jahr in einem Sanatorium auf. Es entstanden die ersten literarischen Werke, u. a. sein erstes Buch „Betrachtungen", eine Sammlung von 18 kurzen Prosastücken. Kafka schrieb „Das Urteil", das seinen späteren Weltruhm begründete. Erste Entwürfe zum Roman „Verschollen" entstanden, den Brod später „Amerika" betitelte. Kafka lernte Felice Bauer kennen, mit der er sich 1914 verlobte, von der er sich aber ein Jahr später wieder trennte. Er begann an seinem Hauptwerk „Der Prozess" zu arbeiten. 1915 wurde Kafka der „Fontane-Preis" verliehen. Im selben Jahr erschienen die Erzählungen „Die Verwandlung" und „Vor dem Gesetz". Im Juli 1917 verlobte sich Kafka ein zweites Mal mit Felice Bauer, löste diese Bindung aber im Dezember endgültig auf mit der Begründung, „weil er als entwurzelter, nur auf sich gestellter Westjude nicht das Recht habe zu heiraten". Im September 1917 wurde eine Lungentuberkulose konstatiert, und Kafka siedelte nach Zürich zu seiner Schwester Ottla über. 1919 verlobte er sich mit Julie Wohryzek, trennte sich aber ein Jahr später wieder von ihr. In dem 1919 erschienenen autobiographischen Werk „Brief an den Vater" schilderte Kafka die Beziehung seines Vaters zu den Kindern und versuchte, sein eigenes Verhalten vor dem Vater zu rechtfertigen. 1922 entstand der Roman „Das Schloss". Die Erzählung „Ein Hungerkünstler" wurde in der „Neuen Rundschau" veröffentlicht. 1923 begann Kafka in Berlin mit der 25-jährigen Dora Diamant ein gemeinsames Leben. Er veröffentlichte die Erzählungen „Eine kleine Frau" und „Der Bau". 1923 musste Kafka aufgrund seines sich rapide verschlechternden Gesundheitszustands nach Prag zurückkehren. Dort verfasste er sein letztes Werk „Josefine, die Sängerin oder Das Volk der Mäuse". Am 3. Juni 1924 starb Kafka im Sanatorium in Kierling bei Wien.

Obwohl Kafka verfügt hatte, seine literarische Hinterlassenschaft „restlos und ungelesen zu verbrennen", veröffentlichte Max Brod 1925 posthum den Roman „Der Prozess" und in den kommenden Jahren „Das Schloss", „Amerika" sowie weitere Fragmente, Briefe und die Tagebücher seines Freundes.

Stundenbild

I. Hinführung

St. Impuls	Folie	Verfasserinformation: Franz Kafka
Aussprache		
Überleitung		L: Kennenlernen von zwei Geschichten, die dieser Autor geschrieben hat.
Zielangabe	TA	*Der Fahrgast / Der Aufbruch (Franz Kafka)*
		L: Wir lesen zunächst die erste Geschichte.

II. Darbietung des Textes

	Textblatt	Der Fahrgast / Der Aufbruch
Lehrervortrag		① Der Fahrgast
Schüler lesen mit		
Spontanäußerungen		

III. Arbeit am Text

		L: Gib kurz den Inhalt dieser Geschichte wieder.
Aussprache		
Ergebnis	TA	Der Ich-Erzähler steht auf der Plattform eines elektrischen Wagens. Er ist absolut unsicher und sucht im Gesicht eines Mädchens ebenfalls Spuren dieser Unsicherheit, die er aber nicht finden kann.
		L: Wo zeigt sich im Text eine trügerische Sicherheit?
Aussprache		
Ergebnis	TA	Scheinbare Sicherheit (stehen, an der Schlinge sich halten, sich tragen lassen, perfekt funktionierender Mechanismus)
		L: Wie sieht sich der Ich-Erzähler?
Aussprache		
Ergebnis	TA	Er fühlt sich unsicher und bedroht. Weder „diese Welt", noch „diese Stadt" oder gar „seine Familie" geben ihm Halt.
		L: Wie sieht der Ich-Erzähler das Mädchen?
Aussprache		
Ergebnis	TA	Der Ich-Erzähler sucht Spuren von Unsicherheit und Widersprüchlichkeit in der Haltung und im Gesicht des Mädchens. Doch alles ist wohl geordnet, puppenhaft, starr und tot. Das Mädchen ist das Idealbild eines angepassten Menschen.

IV. Wertung

Leitfrage		Was will Kafka mit der Sicht des Ich-Erzählers ausdrücken?
Aussprache		
Ergebnis	TA	Es ist bedenklich, wenn der „normale" Mensch seine Angepasstheit nicht (mehr) durchschaut. Vielmehr sollte es geboten sein, den fraglos hingenommenen Ordnungen und Normen (Technik, Bürokratie, Gesellschaft) zu misstrauen.

V. Sicherung

Zsf.	AB	Der Fahrgast
Kontrolle	Folie	

VI. Ausweitung

Hausaufgabe		② Der Aufbruch
Bearbeitung der Fragen	AB	Der Aufbruch
Kontrolle	Folie	

Der Fahrgast
(Franz Kafka)

Ich stehe auf der Plattform des elektrischen Wagens und bin vollständig unsicher in Rücksicht meiner Stellung in dieser Welt, in dieser Stadt, in meiner Familie. Auch nicht beiläufig könnte ich angeben, welche Ansprüche ich in irgendeiner Richtung mit Recht vorbringen könnte. Ich kann es gar nicht verteidigen, dass ich auf dieser Plattform stehe, mich an dieser Schlinge halte, von diesem Wagen mich
5 tragen lasse, dass Leute dem Wagen ausweichen oder still gehn oder vor den Schaufenstern ruhn. – Niemand verlangt es ja von mir, aber das ist gleichgültig.
Der Wagen nähert sich einer Haltestelle, ein Mädchen stellt sich nahe den Stufen, zum Aussteigen bereit. Sie erscheint mir so deutlich, als ob ich sie betastet hätte. Sie ist schwarz gekleidet, die Rockfalten bewegen sich fast nicht, die Bluse ist knapp und hat einen Kragen aus weißer kleinmaschiger Spitze,
10 die linke Hand hält sie flach an die Wand, der Schirm in ihrer Rechten steht auf der zweitobersten Stufe. Ihr Gesicht ist braun, die Nase, an den Seiten schwach gepresst, schließt rund und breit ab. Sie hat viel braunes Haar und verwehte Härchen an der rechten Schläfe. Ihr kleines Ohr liegt eng an, doch sehe ich, da ich nahe stehe, den ganzen Rücken der rechten Ohrmuschel und den Schatten an der Wurzel.
Ich fragte mich damals: Wieso kommt es, dass sie nicht über sich verwundert ist, dass sie den Mund
15 geschlossen hält und nichts dergleichen sagt?

Der Aufbruch
(Franz Kafka)

Ich befahl, mein Pferd aus dem Stall zu holen. Der Diener verstand mich nicht. Ich ging selbst in den Stall, sattelte mein Pferd und bestieg es. In der Ferne hörte ich eine Trompete blasen, ich fragte ihn, was das bedeute. Er wusste nichts und hatte nichts gehört. Beim Tore hielt er mich auf und fragte: „Wohin reitest du, Herr?" „Ich weiß es nicht", sagte ich, „nur weg von hier, nur weg von hier. Immerfort weg
5 von hier, nur so kann ich mein Ziel erreichen." „Du kennst also dein Ziel?", fragte er. „Ja", antwortete ich", ich sagte es doch: ‚Weg-von-hier', das ist mein Ziel." „Du hast keinen Essvorrat mit", sagte er. „Ich brauche keinen", sagte ich, „die Reise ist so lang, dass ich verhungern muss, wenn ich auf dem Weg nichts bekomme. Kein Essvorrat kann mich retten. Es ist ja zum Glück eine wahrhaft ungeheure Reise."

Arbeitsblatt: Der Fahrgast

Der Fahrgast
(Franz Kafka)

❶ Die Parabel gliedert sich in drei Teile:
_____
_____

❷ Wie sieht sich der Ich-Erzähler?
_____
_____
_____

❸ Wie beschreibt der Ich-Erzähler das Mädchen und die übrige Umwelt?
_____
_____
_____

❹ Was will Kafka mit der Sicht des Ich-Erzählers ausdrücken?
_____
_____

Der Aufbruch
(Franz Kafka)

❶ Was erfährst du über Personen und Ort?
_____
_____

❷ Wie verhalten sich die beiden Hauptpersonen?
_____
_____

❸ In welcher Stimmung befindet sich der Aufbrechende? Gibt es Gründe für den Aufbruch?
_____
_____

❹ Was erfährst du über das Ziel der Reise?
_____
_____

❺ Was besagt der letzte Satz dieser Parabel? Versuche, ihn zu deuten.
_____
_____

Lösungsblatt: Der Fahrgast

Der Fahrgast
(Franz Kafka)

❶ **Die Parabel gliedert sich in drei Teile:**
① Der Ich-Erzähler auf der Plattform eines Verkehrsmittels ② Zufällige Begegnung mit einem Mädchen ③ Späteres Nachdenken über ihr Verhalten

❷ **Wie sieht sich der Ich-Erzähler?**
Trotz der scheinbaren Sicherheit („perfekt funktionierender Mechanismus", „stehen", „sich halten", „sich tragen lassen") spürt der Ich-Erzähler eine unbegründbare, absolute Bedrohung. Weder „diese Welt", noch „diese Stadt" oder „seine Familie" können ihm Halt und Sicherheit geben. Er bleibt mit dem Bewusstsein totaler Unsicherheit allein.

❸ **Wie beschreibt der Ich-Erzähler das Mädchen und die übrige Umwelt?**
Der Ich-Erzähler sucht Spuren von Unsicherheit und Widersprüchlichkeit in der Haltung und im Gesicht des Mädchens und seiner Umgebung. Doch alles ist wohl geordnet, puppenhaft, fassadenhaft starr und tot. Das Mädchen ist das Idealbild eines normalen, angepassten Menschen.

❹ **Was will Kafka mit der Sicht des Ich-Erzählers ausdrücken?**
Für Kafka ist es bedenklich, wenn der „normale" Mensch seine Angepasstheit nicht (mehr) durchschaut. Vielmehr sollte es geboten sein, den fraglos hingenommenen Ordnungen und Normen (Technik, Bürokratie, Gesellschaft) zu misstrauen.

Der Aufbruch
(Franz Kafka)

❶ **Was erfährst du über Personen und Ort?**
Die beiden Personen werden als Herr und Diener bezeichnet. Das Gespräch findet an einem Tor statt. Eigenartig ist auch das Pferd als Fortbewegungsmittel für eine lange Reise.

❷ **Wie verhalten sich die beiden Hauptpersonen?**
Der Diener hört oder versteht die Befehle seines Herrn nicht, nimmt das Trompetensignal nicht wahr, erhält unbestimmte Antworten auf Fragen nach lebenspraktischen Dingen wie Proviant und Ziel.

❸ **In welcher Stimmung befindet sich der Aufbrechende? Gibt es Gründe für den Aufbruch?**
Der Herr wirkt furchtlos und entschlossen. Man erfährt nichts über die Gründe der Reise. Ein Auftrag? Ein freier Entschluss?

❹ **Was erfährst du über das Ziel der Reise?**
Es gibt keinen fixierten Endpunkt, die Reise ist ziel- und endlos. Der Weg ist zugleich auch das Ziel, was die Äußerung „immerfort weg von hier" vermuten lässt.

❺ **Was besagt der letzte Satz dieser Parabel? Versuche, ihn zu deuten.**
Die „ungeheure", vielleicht schwierige, gefährliche Reise wird als „Glück" empfunden. Aufbruch zu einem Abenteuer? Flucht vor der dem jetzigen Leben? Lebensreise? Reise in den Tod?

Das Heiligenstädter Testament (Ludwig van Beethoven)

Lernziele
- Wissen um die wichtigsten Lebensstationen Ludwig van Beethovens
- Lesen und Erfassen des Inhalts des Heiligenstädter Testaments
- Verstehen der antiquierten Rechtschrift und Klärung der schwierigen Begriffe
- Nachvollzug der Gemütsverfassung Beethovens
- Erkennen der Besonderheit dieses Testaments im Vergleich zu sonst üblichen Testamenten

Arbeitsmittel/Medien/Literaturhinweise
- Textblätter (2)
- Folien (Bild: Beethoven; Text: Lebenslauf)
- Folie (Originalhandschrift: © Verlag Ludwig Doblinger. Internationales Musiker-Brief-Archiv, Berlin)
- Videofilm/DVD: Ludwig van B.

Tafelbild/Folien

Ludwig van Beethoven wurde 17. Dezember 1770 in Bonn geboren, wo sein Vater Johann Sänger am kurfürstlichen Hof war und früh die musikalische Begabung seines Sohnes erkannte. Mit 14 Jahren war Ludwig Hilfsorganist in der Bonner Hofkirche, ein Jahr später Cembalist in der Hofkapelle. Im Jahre 1787 bekam Beethoven ein Stipendium des Kurfürsten und reiste nach Wien zu Wolfgang Amadeus Mozart. Bei ihm nahm er einige Unterrichtsstunden. Doch der plötzliche Tod seiner Mutter Magdalena veranlasste ihn, nach Bonn zurückzukehren. Hier musste er als Familienoberhaupt für den Vater – der immer mehr dem Alkohol verfiel – und die beiden jüngeren Brüder sorgen. Mit 22 Jahren siedelte er endgültig nach Wien über und wurde Schüler Joseph Haydns. Nun begann Beethovens Laufbahn als selbständiger Pianist und Komponist. Er war der erste Musiker, der als freischaffender Künstler vom Verkauf seiner Kompositionen und Auftragsarbeiten für seine Freunde im Wiener Adel lebten konnte. Um ihn in Wien zu halten, wurde ihm von drei Adeligen eine stattliche Pension bezahlt. Seit seinem 26. Lebensjahr machte sich in steigendem Maße ein Gehörleiden bemerkbar. Mit 30 Jahren gab er sein erstes Konzert mit eigenen Werken. Nach diesem ersten großen Erfolg wurde Beethoven mit Einladungen und Ehrungen überhäuft. Von vielen Verlagen kamen Kompositionsaufträge; Konzertreisen führten ihn nach Prag, Berlin und Leipzig. Sein Ruf verbreitete sich rasch über ganz Europa. Doch sein Gehörleiden verschlimmerte sich immer mehr – bis zur völligen Taubheit. Trotz aller Verzweiflung verlor er nie den Glauben an sich selbst. Von nun an verständigte sich Beethoven nur mit Hilfe von Konversationsheftchen mit seiner Umwelt. Er ließ sich aufschreiben, was Besucher von ihm wissen wollten. In völliger Gehörlosigkeit entstanden Werke, die zu den bedeutendsten der Musikgeschichte gehören: die 9. Sinfonie, die „Missa Solemnis", die letzten großen Klaviersonaten und die späten Streichquartette. Im Oktober 1802 wurde Beethoven von seinem Arzt nach Heiligenstadt, einen Vorort von Wien, geschickt, damit er sich in ländlicher Abgeschiedenheit erholen und sein Gehör schonen oder sogar wiederherstellen solle. Als jedoch klar wurde, dass sich ein Fortschreiten der Schwerhörigkeit trotz Erholung und Ruhe nicht aufhalten ließ, verfiel Beethoven erneut in Verzweiflung und war so entkräftet, dass er meinte, er werde den Winter nicht überleben. Er schrieb deshalb sein Testament und gab Anweisungen, es erst nach seinem Tod zu öffnen. Dieses „Heiligenstädter Testament" enthüllt mehr über Beethovens Gemütszustand als die gleichzeitig komponierte Musik. Erst seine späten Werke drücken das aus, was er damals in Worte fasste. Am 26. März 1827 starb Ludwig van Beethoven in Wien.

Stundenbild

I. Hinführung

St. Impuls	CD	5. Sinfonie, 1. Satz (Ausschnitt)
	Folie	Bild: Ludwig van Beethoven
Aussprache		
		L: Kennenlernen wichtiger Lebensstationen
	Folie	
Aussprache		
Überleitung		L: Kennenlernen seines Testaments im Original
Zielangabe	TA	*Das Heiligenstädter Testament (Ludwig van Beethoven)*

II. Darbietung des Textes

	Textblätter (2)	Das Heiligenstädter Testament
Lehrervortrag		
Schüler lesen mit		
Spontanäußerungen		

III. Arbeit am Text

		L: Versuche den Text ins Neuhochdeutsche zu übersetzen.
Aussprache		Probleme:
		• veraltete Rechtschreibung
		• andere Zeichensetzung
		• schwierige Begriffe
Partnerarbeit		
Zsf. Partnerberichte		
Eintrag	Block	
		L: Erkläre folgende Begriffe.
	TA	• *Misantropisch* (misanthropisch) = menschenfeindlich
		• *Disposizion* (Disposition) = Empfänglichkeit für Krankheit
		• *parzen* (Parzen) = Schicksalsgöttinnen
		L: Warum hält man Beethoven für misantropisch?
Aussprache		
Ergebnis	TA	Weil Beethoven taub ist, kann er nicht mehr an Gesprächen teilnehmen, nicht mehr auf Fragen reagieren. Er zieht sich missmutig zurück. Da die Menschen um ihn herum nichts von seinem Gehörleiden wissen, wird Beethovens Verhalten als misantropisch eingestuft.

IV. Wertung

Impuls		Vergleiche Beethovens Testament mit einem herkömmlichen Testament.
Aussprache		
Ergebnis	TA	Beethoven gibt schon mit 32 Jahren einen erschütternden Einblick in seine Psyche. Er ist nahe daran, sich umzubringen. Wenig bedeutsam erscheint ihm die Regelung der Hinterlassenschaft, was heute im Allgemeinen der wichtigste Bestandteil eines Testaments ist.

V. Ausweitung

	Videofilm	Ludwig van B.
Aussprache		

Das Heiligenstädter Testament
(Ludwig van Beethoven)

O ihr Menschen die ihr mich für feindselig störisch oder Misantropisch haltet oder erkläret, wie unrecht thut ihr mir, ihr wißt nicht die geheime urßache von dem; was euch so scheinet, mein Herz und mein Sinn waren von Kindheit an für das Zarte Gefühl des wohlwollens, selbst große Handlungen Zu verrichten dazu war ich immer aufgelegt, aber bedenket nur daß seit 6 jahren ein heilloser Zustand mich
5 befallen, durch unvernünftige ärzte verschlimmert, von jahr zu jahr in der Hoffnung gebessert zu werden, betrogen, endlich zu dem uberblick eines *dauernden Übels* (dessen Heilung vieleicht jahre dauern oder gar unmöglich ist) gezwungen, mit einem feuerigen Lebhaften Temperamente gebohren selbst empfänglich für die Zerstreuungen der Gesellschaft, muste ich früh mich absondern, einsam mein Leben zubringen, wollte ich auch Zuweilen mich einmal über alles das hinaussetzen, o wie hart wurde ich
10 dur(ch) die verdoppelte trauerige Erfahrung meines schlechten Gehör's dann Zurückgestoßen, und doch war's mir noch nicht möglich den Menschen zu sagen: sprecht lauter, schrejt, denn ich bin taub, ach wie wäre es möglich, daß ich dann die Schwäche *eines Sinnes* angeben sollte; der bej mir in einem vollkommeneren Grade als bej andern sein sollte, einen Sinn denn ich einst in der größten Vollkommenheit besaß, in einer Vollkommenheit, wie ihn wenige von meinem Fache gewiß haben noch gehabt haben –
15 o ich kann es nicht, drum verzeiht, wenn ihr mich da zurückweichen sehen werdet, wo ich mich gerne unter euch mischte doppelt wehe thut mir mein unglück, indem ich dabej verkannt werden muß, für mich darf Erholung in Menschlicher Gesellschaft, feinere Unterredungen, wechselseitige Ergießungen nicht statt haben, ganz allein fast nur so viel als es die höchste Nothwendigkeit fordert, darf ich mich in gesellschaft, einlassen, wie ein Verbannter muß ich leben, nahe ich mich einer Gesellschaft, so überfällt
20 mich eine heiße ängstlichkeit, indem ich befürchte in Gefahr gesetzt zu werden, meinen Zustand merken zu laßen – so war es denn auch dieses halbe jahr, was ich auf dem Lande zubrachte, von meinem vernünftigen Arzte aufgefordert, so viel als möglich mein Gehör zu schonen, kamm er fast meiner jetzigen natürlichen Disposition entgegen, obschon, vom Triebe zur Gesellschaft manchmal hingerissen, ich mich dazu verleiten ließ, aber welche Demüthigung wenn jemand neben mir stund und von
25 weitem eine flöte hörte und ich *nichts* hörte; oder jemand den *Hirten Singen hörte*, und ich auch nichts hörte, solche Ereignüsse brachten mich nahe an Verzweiflung, es fehlte wenig, und ich endigte selbst mein Leben – nur sie die *Kunst*, sie hielt mich zuruck, ach es dünkte mir unmöglich, die welt eher zu verlassen bis ich das alles hervorgebracht wozu ich mich aufgelegt fühlte, und so fristete ich dieses elende Leben – wahrhaft elend; einen so reizbaren Körper, daß eine etwas schnelle Veränderung mich
30 aus dem Besten Zustande in den schlechtesten versetzen kann – Geduld – so heist es, Sie muß ich nun zur führerin wählen, ich habe es – dauernd hoffe ich, soll mein Entschluß sejn, auszuharren, bis es den unerbittlichen parzen gefällt, den Faden zu brechen, vieleicht geht's besser, vieleicht nicht, ich bin gefaßt – schon in meinem 28 jahre gezwungen Philoßoph zu werden es ist nicht leicht, für den Künstler schwerer als für irgend jemand – gottheit du siehst herab auf mein inneres; du kennst es, du weißt, daß
35 menschenliebe und neigung zum wohlthun drin hausen, – o Menschen, wenn ihr einst dieses leset, so denkt, daß ihr mir unrecht gethan, und der unglückliche, er tröste sich, einen seines gleichen zu finden, der troz allen Hindernissen der Natur, doch noch alles gethan, was in seinem Vermögen stand, um in die Reihe würdiger Künstler und Menschen aufgenommen zu werden – ihr meine Brüder Carl und [Johann] sobald ich tod bin und professor schmid lebt noch, so bittet ihn in meinem Namen, daß er meine Krank-
40 heit beschreibe, und dieses hier geschriebene Blatt füget ihr dieser meiner Krankengeschichte bej, damit wenigstens so viel als möglich die welt nach meinem Tode mit mir versöhnt werde – Zugleich erkläre ich euch beide hier für die Erben des kleinen Vermögens, (wenn man es so nennen kann) von mir, theilt es redlich, und vertragt und helft einander, was ihr mir zuwider gethan, das wist ihr, was euch schon längst verziehen, dir Bruder Carl danke ich noch insbesondere für deine in dieser letzten späteren
45 Zeit mir bewiesene Anhänglichkeit, Mein wunsch ist daß euch ein bessers sorgloseres Leben, als mir, werde, emphelt euren Kindern *Tugend*, sie nur allein kann glücklich machen nicht Geld, ich spreche aus Erfahrung, sie war es die mich selbst im Elende gehoben, ihr danke ich nebst meiner Kunst, daß ich durch keinen selbstmord mein Leben endigte – lebt wohl und liebt euch, – allen Freunden danke ich, besonders *Fürst Lichnowski* und *Professor Schmidt*. – Die Instrumente von Fürst L. wünsche ich, daß
50 sie doch mögen aufbewahrt werden bej einem von euch, doch entstehe des wegen kein Streit unter

euch sobald sie euch aber zu was nüzlicherm dienen können, so verkauf sie nur, wie froh bin ich wenn ich auch noch unter meinem Grabe euch nützen kann – so wär s geschehen – mit freuden eil ich dem Tod entgegen – kömmt er früher als ich Gelegenheit gehabt habe, noch alle meine Kunst-Fähigkeiten zu entfalten, so wird er mir troz meinem Harten Schicksal doch noch zu frühe kommen, und ich würde ihn wohl später wünschen – doch auch dann bin ich zufrieden, befrejt er mich nicht von einem endlosen Leidenden Zustande? – komm, *wann* du willst ich gehe dir muthig entgegen – lebt wohl und vergeßt mich nicht ganz im Tode, ich habe es um euch verdient, indem ich in meinem Leben oft an euch gedacht, euch glücklich zu machen, sejd es –

Ludwig van Beethoven

Heiglnstadt
am 6ten october
1802

Das Tagebuch der Anne Frank

Lernziele
- Kennenlernen des Tagebuchs der Anne Frank als eine mögliche Form des Schreibens (Auszüge)
- Wissen um die Situation der Juden im Deutschland des Nationalsozialismus
- Kennenlernen der Chronik der Judenverfolgung zur Zeit des Nationalsozialismus
- Auseinandersetzung mit den Problemen, die Anne Frank bis zur Deportation hatte
- Toleranz im Denken und Handeln gegenüber anderen Gruppen und Nationalitäten

Arbeitsmittel / Medien / Literaturhinweise
- Textblätter (6)
- Arbeitsblatt mit Lösung
- Folien (Chronik der Judenverfolgung; Bild: Hinterhaus; Text)
- Anne Frank: Tagebuch
- Videofilm: Anne Frank
- Videofilm: Schindlers Liste

Tafelbild/Folien

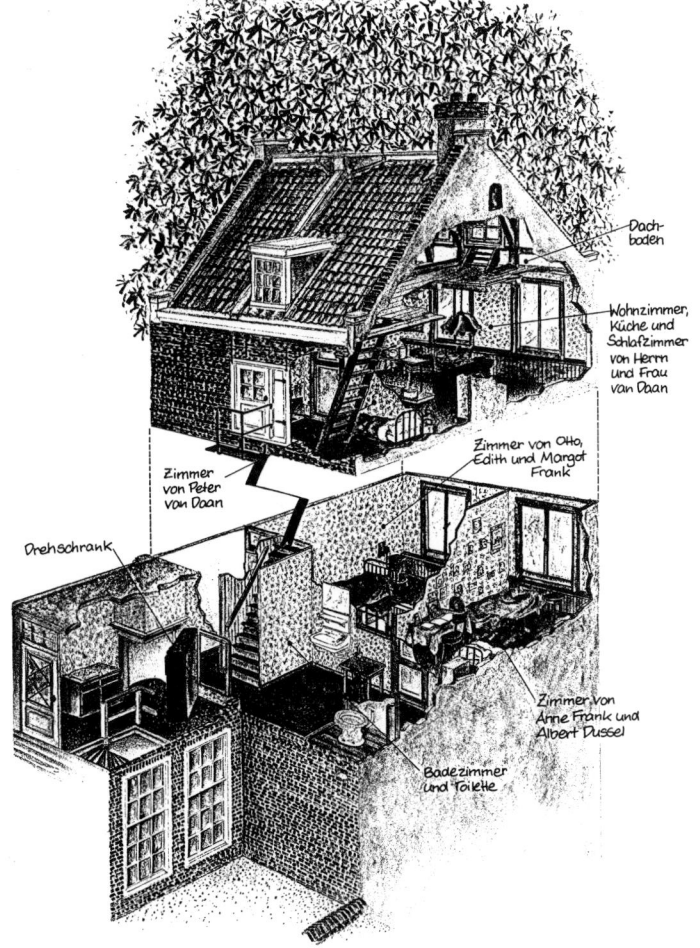

Die zunächst in Frankfurt am Main lebende jüdische Familie Frank emigriert 1933 nach Amsterdam. Um nicht in ein Konzentrationslager eingeliefert zu werden, entschließt sich die Familie, im Hinterhaus eines Bürogebäudes zu leben. Sie taucht am 6. Juli 1942 unter, als die ersten Juden aus dem von der deutschen Wehrmacht besetzten Holland in die Vernichtungslager verschickt werden.
Die untergetauchten acht Personen sind:
Otto, Edith, Margot und Anne Frank; Hermann, Auguste und Peter van Pels (Deckname im Tagebuch: van Daan); Fritz Pfeffer (Deckname: Albert Dussel). Die Untergetauchten werden von holländischen Freunden, dem Ehepaar Jan („Henk") und Miep Gies, „Elli Vossen" und ihrem Vater, Victor Kugler („Kraler") und Jo Kleinmann („Koophuis"), mit Lebensmitteln und Büchern versorgt.
Anne Frank erhält ihr Tagebuch am 12. Juni 1942 zu ihrem 13. Geburtstag. Zwei Tage später beginnt sie zu schreiben. Ihre Einträge enden am 1. August 1944. Drei Tage danach entdeckt die Gestapo durch Verrat das Versteck. Alle Untergetauchten sowie Kugler und Kleinmann werden in deutsche bzw. holländische Konzentrationslager gebracht. Die Mutter von Anne Frank stirbt in Auschwitz, Anne und ihre Schwester Margot sterben in Bergen-Belsen bei Hannover an Hunger und Typhus. Otto Frank, der Vater, überlebt. Er gründet die Anne-Frank-Stiftung, die 1960 das Anne-Frank-Haus in der Amsterdamer Prinsengracht für Besucher aus aller Welt (600 000 pro Jahr) freigibt. Otto Frank stirbt am 19. August 1980 in Birsfelden bei Basel im Alter von 91 Jahren.
Anne Franks Tagebuch wird zufällig gefunden. Inzwischen ist dieses Tagebuch weltberühmt. Bis heute ist es über 20 Millionen Mal verkauft und in 55 Sprachen übersetzt worden. Es gibt Theaterstücke und Filme darüber. In der ganzen Welt werden Straßen und Schulen nach Anne Frank benannt.

Stundenbild

I. Hinführung

St. Impuls	Folie	Bild: Anne Frank
Aussprache		
	Folie	L: Kennenlernen dieses Mädchens anhand ihrer Briefe Hinterhaus Geschichte der Familie Frank
Aussprache		
Überleitung		L: Kennenlernen einiger Briefe aus dem Tagebuch der Anne Frank
Zielangabe	TA	*Das Tagebuch der Anne Frank*

II. Darbietung des Textes

	Textblätter (6)	Das Tagebuch der Anne Frank
Schüler lesen vor		
Spontanäußerungen		

III. Arbeit am Text

	TA	L: In welcher Form schrieb Anne Frank ihr Tagebuch? Briefform mit fiktiver Ansprechpartnerin „Kitty" (vom 14. Juni 1942 bis zum 1. August 1944)
Aussprache		L: Welche Einschränkungen kamen auf die Juden und damit auch auf Anne Frank nach und nach zu? Es war Juden u. a. verboten, sich öffentlicher Fernsprecher und Fahrkartenautomaten zu bedienen, sich auf Bahnhöfen aufzuhalten und Gaststätten zu besuchen, Wälder und Grünanlagen zu betreten, sich Hunde, Katzen, Vögel oder andere Haustiere zu halten, an „arische" Handwerksbetriebe Aufträge zu geben, Zeitungen und Zeitschriften aller Art zu beziehen. Entschädigungslos abgeliefert werden mussten elektrische und optische Geräte, Fahrräder, Schreibmaschinen, Pelze und Wollsachen. Juden erhielten keine Fischwaren, Fleischkarten, Kleiderkarten, Milchkarten, Raucherkarten, kein Weißbrot, kein Obst oder Obstkonserven, keine Süßwaren und keine Rasierseife.

IV. Wertung

Leitfragen		❶ Welche Bedeutung kann ein Tagebuch für die Leser haben? ❷ Im Tagebuch der Anne Frank spiegelt sich die ganze Problematik der Judenverfolgung im Dritten Reich wider. Was weißt du darüber?
	Folien	Chronik der Judenverfolgung
	TA	Bilder (3)
	Folie	Himmler hatte in den Lagern große Tafeln angebracht, auf denen zu lesen war: „Es gibt einen Weg zur Freiheit. Seine Meilensteine heißen: Gehorsam, Fleiß, Ehrlichkeit, Nüchternheit, Sauberkeit, Opfersinn, Ordnung, Disziplin und Liebe zum Vaterland". Die Meilensteine des wahren Wegs aber, des Wegs zum Krematorium, hießen: Prügelbock und Bunker, Erhängen, Erschießen, Erfrieren, Verhungern, Erschlagenwerden und sadistische Foltern der übelsten Art.

V. Sicherung

Zsf.	AB	Das Tagebuch der Anne Frank
Kontrolle	Folie	

VI. Ausweitung

	Videofilme	Anne Frank / Schindlers Liste

Das Tagebuch der Anne Frank

Samstag, 20. Juni 1942

Es ist für jemanden wie mich ein eigenartiges Gefühl, Tagebuch zu schreiben. Nicht nur, dass ich noch nie geschrieben habe, sondern ich denke auch, dass sich später keiner, weder ich noch ein anderer, für die Herzensergüsse eines dreizehnjährigen Schulmädchens interessieren wird. Aber darauf kommt es eigentlich nicht an, ich habe Lust zu schreiben und will mir vor allem alles Mögliche gründlich von der Seele reden.
5 Papier ist geduldiger als Menschen. Dieses Sprichwort fiel mir ein, als ich an einem meiner leicht melancholischen Tage gelangweilt am Tisch saß, den Kopf auf den Händen, und vor Schlaffheit nicht wusste, ob ich weggehen oder lieber zu Hause bleiben sollte, und so schließlich sitzen blieb und weitergrübelte. In der Tat, Papier ist geduldig. Und weil ich nicht die Absicht habe, dieses kartonierte Heft mit dem hochtrabenden Namen „Tagebuch" jemals jemanden lesen zu lassen, es sei denn, ich würde ir-
10 gendwann in meinem Leben „den" Freund oder „die" Freundin finden, ist es auch egal.
Nun bin ich bei dem Punkt angelangt, an dem die ganze Tagebuch-Idee angefangen hat: Ich habe keine Freundin.
Um noch deutlicher zu sein, muss hier eine Erklärung folgen, denn niemand kann verstehen, dass ein Mädchen von dreizehn ganz allein auf der Welt steht. Das ist auch nicht wahr. Ich habe liebe Eltern und
15 eine Schwester von sechzehn, ich habe, alle zusammengezählt, mindestens dreißig Bekannte oder was man so Freundinnen nennt. Ich habe einen Haufen Anbeter, die mir alles von den Augen ablesen und sogar, wenn's sein muss, in der Klasse versuchen, mit Hilfe eines zerbrochenen Taschenspiegels einen Schimmer von mir aufzufangen. Ich habe Verwandte und ein gutes Zuhause. Nein, es fehlt mir offensichtlich nichts, außer „die" Freundin. Ich kann mit keinen von meinen Bekannten etwas anderes tun
20 als Spaß machen, ich kann nur über alltägliche Dinge sprechen und werde nie intimer mit ihnen. Das ist der Haken. Vielleicht liegt dieser Mangel an Vertraulichkeit auch an mir. Jedenfalls ist es so, leider, und nicht zu ändern. Darum dieses Tagebuch.
Um nun die Vorstellung der ersehnten Freundin in meiner Fantasie noch zu steigern, will ich nicht einfach Tatsachen in mein Tagebuch schreiben wie alle andern, sondern ich will dieses Tagebuch die
25 Freundin selbst sein lassen, und diese Freundin heißt *Kitty*.
Meine Geschichte! (Idiotisch, so etwas vergisst man nicht.)
Weil niemand das, was ich Kitty erzähle, verstehen würde, wenn ich so mit der Tür ins Haus falle, muss ich, wenn auch ungern, kurz meine Lebensgeschichte wiedergeben.
Mein Vater, der liebste Schatz von einem Vater, den ich je getroffen habe, heiratete erst mit 36 Jahren
30 meine Mutter, die damals 25 war. Meine Schwester Margot wurde 1926 in Frankfurt am Main geboren, in Deutschland. Am 12. Juni 1929 folgte ich. Bis zu meinem vierten Lebensjahr wohnte ich in Frankfurt. Da wir Juden sind, ging dann mein Vater 1933 in die Niederlande. Er wurde Direktor der Niederländischen Opekta-Gesellschaft zur Marmeladeherstellung. Meine Mutter, Edith Frank-Holländer, fuhr im September auch nach Holland, und Margot und ich gingen nach Aachen, wo unsere Großmutter
35 wohnte. Margot ging im Dezember nach Holland und ich im Februar, wo ich als Geburtstagsgeschenk für Margot auf den Tisch gesetzt wurde.
Ich ging bald in den Kindergarten der Montessori-Schule. Dort blieb ich bis sechs, dann kam ich in die erste Klasse. In der 6. Klasse kam ich zu Frau Kuperus, der Direktorin. Am Ende des Schuljahres nahmen wir einen herzergreifenden Abschied voneinander und weinten beide, denn ich wurde am jüdi-
40 schen Lyzeum angenommen, in das Margot auch ging.
Unser Leben verlief nicht ohne Aufregung, da die übrige Familie in Deutschland nicht von Hitlers Judengesetzen verschont blieb. Nach den Pogromen 1938 flohen meine beiden Onkel, Brüder von Mutter, nach Amerika, und meine Großmutter kam zu uns. Sie war damals 73 Jahre alt.
Ab Mai 1940 ging es bergab mit den guten Zeiten: erst der Krieg, dann die Kapitulation, der Ein-
45 marsch der Deutschen, und das Elend für uns Juden begann. Judengesetz folgte auf Judengesetz, und unsere Freiheit wurde sehr beschränkt. Juden müssen einen Judenstern tragen; Juden müssen ihre Fahrräder abgeben; Juden dürfen nicht mit der Straßenbahn fahren; Juden dürfen nicht mit einem Auto fahren, auch nicht mit einem privaten; Juden dürfen nur von 3–5 Uhr einkaufen; Juden dürfen nur zu einem jüdischen Friseur; Juden dürfen zwischen 8 Uhr abends und 6 Uhr morgens nicht auf die Straße;
50 Juden dürfen sich nicht in Theatern, Kinos und an anderen dem Vergnügen dienenden Plätzen aufhalten; Juden dürfen nicht ins Schwimmbad, ebensowenig auf Tennis-, Hockey- oder andere Sportplätze;

Juden dürfen nicht rudern; Juden dürfen in der Öffentlichkeit keinerlei Sport treiben; Juden dürfen nach acht Uhr abends weder in ihrem eigenen Garten noch bei Bekannten sitzen; Juden dürfen nicht zu Christen ins Haus kommen; Juden müssen auf jüdische Schulen gehen und dergleichen mehr. So ging
55 unser Leben weiter, und wir durften dies nicht und das nicht. Jacque sagt immer zu mir: „Ich traue mich nichts mehr zu machen, ich habe Angst, dass es nicht erlaubt ist." Im Sommer 1941 wurde Oma sehr krank. Sie musste operiert werden; und aus meinem Geburtstag wurde nicht viel. Im Sommer 1940 auch schon nicht, da war der Krieg in den Niederlanden gerade vorbei. Oma starb im Januar 1942. Niemand weiß, wie oft <u>ich</u> an sie denke und sie noch immer lieb habe. Dieser Geburtstag 1942 ist dann
60 auch gefeiert worden, um alles nachzuholen, und Omas Kerze stand daneben. Uns vieren geht es noch immer gut, und so bin ich dann bei dem heutigen Datum angelangt, an dem die feierliche Einweihung meines Tagebuchs beginnt, dem 20. Juni 1942.

Samstag, 20. Juni 1942

Liebe Kitty!
Dann fange ich gleich an. Es ist schön ruhig, Vater und Mutter sind ausgegangen, Margot ist mit ein paar jungen Leuten zu ihrer Freundin zum Pingpongspielen. Ich spiele in der letzten Zeit auch sehr viel, sogar so viel, dass wir fünf Mädchen einen Club gegründet haben. Der Club heißt „Der kleine Bär
5 minus 2". Ein verrückter Name, der auf einem Irrtum beruht. Wir wollten einen besonderen Namen und dachten wegen unserer fünf Mitglieder sofort an die Sterne, an den Kleinen Bären. Wir meinten, er hätte fünf Sterne, aber da haben wir uns geirrt, er hat sieben, genau wie der Große Bär. Daher das „minus zwei". Ilse Wagner hat ein Pingpongspiel, und das große Esszimmer der Wagners steht uns immer zur Verfügung. Da wir Pingpongspielerinnen vor allem im Sommer gerne Eis essen und das
10 Spielen warm macht, endet es meistens mit einem Ausflug zum nächsten Eisgeschäft, das für Juden erlaubt ist, die Oase oder das Delphi. Nach Geld oder Portemonnaie suchen wir überhaupt nicht mehr, denn in der Oase ist es meistens so voll, dass wir immer einige großzügige Herren aus unserem weiten Bekanntenkreis oder den einen oder anderen Verehrer finden, die uns mehr Eis anbieten, als wir in einer Woche essen können. Ich nehme an, du bist ein bisschen erstaunt über die Tatsache, dass ich, so jung
15 ich bin, über Verehrer spreche. Leider (in einigen Fällen auch nicht leider) scheint dieses Übel auf unserer Schule unvermeidbar zu sein. Sobald mich ein Junge fragt, ob er mit mir nach Hause radeln darf, und wir ein Gespräch anfangen, kann ich in neun von zehn Fällen damit rechnen, dass der betreffende Jüngling die Gewohnheit hat, sofort in Feuer und Flamme zu geraten, und mich nicht mehr aus den Augen lässt. Nach einiger Zeit legt sich die Verliebtheit wieder, vor allem, weil ich mir aus feurigen
20 Blicken nicht viel mache und lustig weiterradle. Wenn es mir manchmal zu bunt wird, schlenkere ich ein bisschen mit dem Rad, die Tasche fällt runter, und der junge Mann muss anstandshalber absteigen. Wenn er mir die Tasche zurückgegeben hat, habe ich längst ein anderes Gesprächsthema angefangen. Das sind aber noch die Unschuldigen. Es gibt auch einige, die mir Kusshändchen zuwerfen oder versuchen, mich am Arm zu nehmen. Aber da sind sie bei mir an der falschen Adresse! Ich steige ab und
25 weigere mich, weiter seine Gesellschaft in Anspruch zu nehmen. Oder ich spiele die Beleidigte und sage ihm klipp und klar, er könne nach Hause gehen.
So, der Grundstein für unsere Freundschaft ist gelegt. Bis morgen!

Deine Anne

Freitag, 9. Oktober 1942

Liebe Kitty!
Nichts als traurige und deprimierende Nachrichten habe ich heute. Unsere jüdischen Bekannten werden gleich gruppenweise festgenommen. Die Gestapo geht nicht im geringsten zart mit diesen Menschen um. Sie werden in Viehwagen nach Westerbork gebracht, dem großen Judenlager in Drente.
5 Miep hat von jemandem erzählt, der aus Westerbork geflohen ist. Es muss dort schrecklich sein. Die Menschen bekommen fast nichts zu essen, geschweige denn zu trinken. Sie haben nur eine Stunde pro Tag Wasser und ein Klo und ein Waschbecken für ein paar tausend Menschen. Schlafen tun sie alle durcheinander, Männer und Frauen, und die letzteren und Kinder bekommen oft die Haare abgeschoren. Fliehen ist fast unmöglich. Die Menschen sind gebrandmarkt durch ihre kahl geschorenen Köpfe und
10 viele auch durch ihr jüdisches Aussehen. Wenn es in Holland schon so schlimm ist, wie muss es dann erst in Polen sein? Wir nehmen an, dass die meisten Menschen ermordet werden. Der englische Sender spricht von Vergasungen, vielleicht ist das noch die schnellste Methode zu sterben.

Ich bin völlig durcheinander. Miep erzählt all diese Greuelgeschichten so ergreifend und ist selbst ganz aufgeregt dabei. Erst neulich saß zum Beispiel eine alte, lahme jüdische Frau vor ihrer Tür und musste
auf die Gestapo warten, die weggegangen war, um ein Auto zu holen, um sie abzutransportieren. Die arme Alte hatte solche Angst vor der Schießerei auf die englischen Flugzeuge und auch vor den grellen, flitzenden Scheinwerfern. Trotzdem wagte Miep nicht, sie ins Haus zu holen, das würde niemand tun. Die Herren Deutschen sind nicht zimperlich mit ihren Strafen. Auch Bep ist still. Ihr Freund muss nach Deutschland. Sie hat jedesmal Angst, wenn die Flugzeuge über unsere Häuser fliegen, dass sie ihre
Bombenlast von oft einer Million Kilo auf Bertus' Kopf fallen lassen. Witze wie: „Eine Million wird er wohl nicht bekommen" und „Eine einzige Bombe ist schon genug" finde ich nicht gerade angebracht. Bertus ist nicht der einzige, der gehen muss, jeden Tag fahren Züge voll mit jungen Leuten weg. Manchen gelingt es, heimlich auszusteigen, wenn sie auf einem kleinen Bahnhof halten, und dann unterzutauchen. Einem kleinen Prozentsatz gelingt das vielleicht. Ich bin noch nicht fertig mit meinem Trauergesang. Hast du schon mal was von Geiseln gehört? Das führen sie nun als neueste Strafmethode für Sabotage ein. Etwas Schrecklicheres kann man sich nicht vorstellen. Angesehene, unschuldige Bürger werden verhaftet und warten auf ihre Ermordung. Wird irgendwo sabotiert und der Täter nicht gefunden, stellt die Gestapo seelenruhig so fünf Geiseln an die Wand. Oft stehen die Todesmeldungen in der Zeitung. Ein „schicksalhaftes Unglück" wird dieses Verbrechen dann genannt. Ein schönes Volk, die Deutschen, und da gehöre ich eigentlich auch noch dazu! Aber nein, Hitler hat uns längst staatenlos gemacht. Und im Übrigen gibt es keine größere Feindschaft auf dieser Welt als zwischen Deutschen und Juden.

Deine Anne

Mittwoch, 29. März 1944

Liebe Kitty!

Gestern Abend sprach Minister Bolkestein im Sender Oranje darüber, dass nach dem Krieg eine Sammlung von Tagebüchern und Briefen aus dieser Zeit herauskommen soll. Natürlich stürmten alle gleich auf mein Tagebuch los. Stell dir vor, wie interessant es wäre, wenn ich einen Roman vom Hinterhaus herausgeben würde. Nach dem Titel allein würden die Leute denken, dass es ein Detektivroman wäre. Aber im Ernst, es muss ungefähr zehn Jahre nach dem Krieg schon seltsam erscheinen, wenn erzählt wird, wie wir Juden hier gelebt, gegessen und gesprochen haben. Auch wenn ich dir viel von uns erzähle, weißt du trotzdem nur ein kleines bisschen von unserem Leben. Wie viel Angst die Damen haben, wenn bombardiert wird, wie zum Beispiel am Sonntag, als 350 englische Maschinen eine halbe Million Kilo Bomben auf Ijmuiden abgeworfen haben, wie die Häuser dann zittern wie Grashalme im Wind, wie viele Epidemien hier herrschen...
Von all diesen Dingen weißt du nichts, und ich müsste den ganzen Tag schreiben, wenn ich dir alles bis in die Einzelheiten erzählen sollte. Die Leute stehen Schlange für Gemüse und alle möglichen anderen Dinge. Die Ärzte kommen nicht zu ihren Kranken, weil ihnen alle naselang ihr Fahrzeug gestohlen wird. Einbrüche und Diebstähle gibt es jede Menge, so dass man anfängt, sich zu fragen, ob etwas in die Niederländer gefahren ist, weil sie plötzlich so diebisch geworden sind. Kleine Kinder von acht bis elf Jahren schlagen die Scheiben von Wohnungen ein und stehlen, was nicht niet- und nagelfest ist. Niemand wagt, seine Wohnung auch nur für fünf Minuten zu verlassen, denn kaum ist man weg, ist der Kram auch weg. Jeden Tag stehen Anzeigen in der Zeitung, die eine Belohnung für das Wiederbringen von gestohlenen Schreibmaschinen, Perserteppichen, elektrischen Uhren, Stoffen usw. versprechen. Elektrische Straßenuhren werden abmontiert, die Telefone in den Zellen bis auf den letzten Draht auseinander genommen. Die Stimmung unter der Bevölkerung kann nicht gut sein, jeder hat Hunger. Mit der Wochenration kann man keine zwei Tage auskommen (außer mit dem Ersatzkaffee). Die Invasion lässt auf sich warten, die Männer müssen nach Deutschland. Die Kinder sind unterernährt und werden krank, und alle haben schlechte Kleidung und schlechte Schuhe. Eine Sohle kostet „schwarz" 7,50 Gulden. Dabei nehmen die meisten Schuhmacher keine Kunden mehr an, oder man muss vier Monate auf die Schuhe warten, die dann inzwischen oft verschwunden sind. Ein Gutes hat die Sache, dass die Sabotage gegen die Obrigkeit immer stärker wird, je schlechter die Ernährung ist und je strenger die Maßnahmen gegen das Volk werden. Die Leute von der Lebensmittelzuteilung, die Polizei, die Beamten, alle beteiligen sich entweder dabei, ihren Mitbürgern zu helfen, oder sie verraten sie und bringen sie dadurch ins Gefängnis. Zum Glück steht nur ein kleiner Prozentsatz der Niederländer auf der falschen Seite.

Deine Anne

Dienstag, 11. April 1944

Liebste Kitty!

Ich weiß nicht, wo mir der Kopf steht, ich weiß wirklich nicht, womit ich anfangen soll. Der Donnerstag (als ich dir das letzte Mal schrieb) verlief normal. Freitag (Karfreitag) spielten wir nachmittags Gesellschaftsspiele, ebenso am Samstag. Die Tage vergingen sehr schnell. Am Samstag gegen zwei fing eine Schießerei an. Schnellfeuerkanonen, haben die Herren gesagt. Sonst war alles ruhig.

Am Sonntagnachmittag kam Peter auf meine Einladung um halb fünf zu mir, etwas später gingen wir zum vorderen Dachboden, wo wir bis sechs Uhr blieben. Von sechs bis Viertel nach sieben gab es im Radio ein schönes Mozart-Konzert, vor allem die „Kleine Nachtmusik" hat mir gut gefallen. Ich kann nicht gut zuhören, wenn die anderen dabei sind, weil mich schöne Musik sehr bewegt.

Am Sonntagabend gingen Peter und ich nicht baden, weil der Zuber unten in der Küche stand und mit Wäsche gefüllt war. Um acht gingen wir zusammen zum vorderen Dachboden, und um weich zu sitzen, nahm ich das einzige Sofakissen mit, das in unserem Zimmer zu finden war. Wir nahmen auf einer Kiste Platz. Kiste als auch Kissen waren sehr schmal. Wir saßen dicht nebeneinander und lehnten uns an andere Kisten. Mouschi leistete uns Gesellschaft, also waren wir nicht unbeobachtet. Plötzlich, um Viertel vor neun, pfiff Herr van Daan und fragte, ob wir ein Kissen von Herrn Dussel hätten. Beide sprangen wir auf und gingen mit Kissen, Katze und van Daan nach unten. Dieses Kissen hat zu einer ganzen Tragödie geführt. Dussel war böse, weil ich sein Nachtkissen mitgenommen hatte, und fürchtete, es wären Flöhe darin. Alle hat er wegen diesem Kissen in Aufregung versetzt! Peter und ich steckten ihm aus Rache für seine Ekelhaftigkeit zwei harte Bürsten ins Bett, aber später kamen sie wieder raus. Wir haben schrecklich gelacht über dieses Intermezzo. Aber unser Vergnügen sollte nicht lange dauern. Um halb zehn klopfte Peter leise an die Tür und fragte Vater, ob er ihm mal schnell bei einem schwierigen englischen Satz helfen würde. „Da ist was nicht geheuer", sagte ich zu Margot. „Die Ausrede ist zu dick. Die Herren reden in einem Ton, als wäre eingebrochen worden."

Meine Vermutung stimmte, im Lager wurde gerade eingebrochen. Innerhalb kürzester Zeit waren Vater, van Daan und Peter unten. Margot, Mutter, Frau van Daan und ich warteten. Vier Frauen, die Angst haben, müssen reden. So auch wir, bis wir unten einen Schlag hörten. Danach war alles still, die Uhr schlug Viertel vor zehn. Aus unseren Gesichtern war die Farbe gewichen, aber noch waren wir ruhig, wenn auch ängstlich. Wo waren die Herren geblieben? Was war das für ein Schlag? Kämpften sie vielleicht mit den Einbrechern? Weiter dachten wir nicht, wir warteten.

Zehn Uhr: Schritte auf der Treppe. Vater, blass und nervös, kam herein, gefolgt von Herrn van Daan. „Licht aus, leise nach oben, wir erwarten Polizei im Haus!" Es blieb keine Zeit für Angst. Die Lichter gingen aus, ich nahm noch schnell eine Jacke, und wir waren oben.

„Was ist passiert? Schnell, erzählt!"

Es war niemand da zum Erzählen, die Herren waren wieder unten. Erst um zehn nach zehn kamen sie alle vier herauf, zwei hielten Wache an Peters offenem Fenster. Die Tür zum Treppenabsatz war abgeschlossen, der Drehschrank zu. Über das Nachtlämpchen hängten wir einen Pullover, dann erzählten sie:

Peter hörte auf dem Treppenabsatz zwei harte Schläge, lief nach unten und sah, dass an der linken Seite der Lagertür ein großes Brett fehlte. Er rannte nach oben, verständigte den wehrhaften Teil der Familie, und zu viert zogen sie hinunter. Die Einbrecher waren noch am Stehlen, als sie ins Lager kamen. Ohne zu überlegen, schrie van Daan: „Polizei!" Schnelle Schritte nach draußen, die Einbrecher waren geflohen. Um zu verhindern, dass die Polizei das Loch bemerkte, wurde das Brett wieder eingesetzt, aber ein kräftiger Tritt von draußen beförderte es nochmal auf den Boden. Die Herren waren perplex über so viel Frechheit. Van Daan und Peter fühlten Mordgelüste in sich aufsteigen. Van Daan schlug mit dem Beil kräftig auf den Boden, und alles war wieder still. Erneut kam das Brett vor das Loch, erneut eine Störung. Ein Ehepaar leuchtete von draußen mit einer grellen Taschenlampe das ganze Lager ab. „Verflixt", murmelte einer der Herren, und nun änderten sich ihre Rollen, sie wurden von Polizisten zu Einbrechern. Alle vier rannten sie nach oben, Peter öffnete die Türen und Fenster von Küche und Privatbüro, warf das Telefon auf den Boden, und schließlich landeten sie alle, samt Waschzuber, im Versteck. (Ende des ersten Teils.)

Aller Wahrscheinlichkeit nach hatte das Ehepaar mit der Taschenlampe die Polizei benachrichtigt. Es war Sonntagabend, der Abend des ersten Ostertages. Am zweiten Feiertag kam niemand ins Büro, wir konnten uns also vor Dienstagmorgen nicht rühren. Stell dir vor, zwei Nächte und einen Tag in dieser

Angst zu verbringen! Wir stellten uns nichts vor, wir saßen nur im Stockdunkeln, weil Frau van Daan aus Angst die Lampe ganz ausgedreht hatte, wir flüsterten, und bei jedem Knarren klang es: „Pst! Pst!" Es wurde halb elf, elf Uhr, kein Geräusch. Abwechselnd kamen Vater und van Daan zu uns. Dann, um Viertel nach elf, ein Geräusch von unten. Bei uns konnte man das Atmen der ganzen Familie hören, ansonsten rührten wir uns nicht. Schritte im Haus, im Privatbüro, in der Küche, dann ... auf unserer Treppe. Keine Atemzüge waren mehr zu hören, acht Herzen hämmerten. Schritte auf unserer Treppe, dann Gerüttel am Drehschrank. Dieser Moment ist unbeschreiblich.

„Jetzt sind wir verloren", sagte ich und sah uns schon alle fünfzehn noch in derselben Nacht von der Gestapo mitgenommen. Wieder Gerüttel am Drehschrank, zwei Mal, dann fiel etwas herunter, die Schritte entfernten sich. Für den Moment waren wir gerettet. Ein Zittern durchlief uns alle, ich hörte Zähneklappern, aber niemand sagte ein Wort. So saßen wir bis halb zwölf.

Im Haus war nichts zu hören, aber auf dem Treppenabsatz direkt vor dem Schrank brannte Licht. War es deshalb, weil unser Schrank so geheimnisvoll war? Hatte die Polizei vielleicht das Licht vergessen? Kam noch jemand, um es auszumachen? Die Zungen lösten sich, im Haus war niemand mehr. Vielleicht noch ein Bewacher vor der Tür.

Drei Dinge taten wir nun, Vermutungen äußern, zittern vor Angst und zum Klo gehen. Die Eimer waren auf dem Dachboden, so musste Peters Blechpapierkorb herhalten. Van Daan machte den Anfang, danach Vater. Mutter schämte sich zu sehr. Vater brachte das Blechgefäß ins Zimmer, wo Margot, Frau van Daan und ich es gern benutzten. Endlich entschied sich auch Mutter dazu. Die Nachfrage nach Papier war groß, ich hatte zum Glück welches in der Tasche.

Das Gefäß stank, alle flüsterten, und wir waren müde, es war zwölf Uhr.

„Legt euch doch auf den Boden und schlaft!"

Margot und ich bekamen jede ein Kissen und eine Decke. Margot lag in der Nähe vom Vorratsschrank, ich zwischen den Tischbeinen. Auf dem Boden stank es nicht so schlimm, aber Frau van Daan holte doch leise ein bisschen Chlor und legte ein altes Tuch über den Topf.

Gerede, Geflüster, Angst, Gestank, Winde – und dauernd jemand auf dem Topf! Dabei soll einer schlafen! Um halb drei wurde ich jedoch zu müde, und bis halb vier hörte ich nichts. Ich wurde wach, als Frau van Daan ihren Kopf auf meine Füße legte.

„Geben Sie mir bitte was zum Anziehen!", bat ich. Ich bekam auch was, aber frag nicht, was! Eine wollene Hose über meinen Pyjama, den roten Pullover und den schwarzen Rock, weiße Socken und darüber kaputte Kniestrümpfe.

Frau van Daan nahm dann wieder auf dem Stuhl Platz, und Herr van Daan legte sich auf meine Füße. Ich fing an nachzudenken. Ich zitterte immer noch so, dass van Daan nicht schlafen konnte. In Gedanken bereitete ich mich darauf vor, dass die Polizei zurückkommen würde. Dann müssen wir sagen, dass wir Untertaucher sind. Entweder sind es gute Niederländer, dann ist alles in Ordnung, oder es sind Nazis, dann muss man sie bestechen.

„Tu doch das Radio weg!", seufzte Frau van Daan.

„Ja, in den Herd", antwortete Herr van Daan. „Wenn sie uns finden, dürfen sie auch das Radio finden."

„Dann finden sie auch Annes Tagebuch", mischte sich Vater ein. „Verbrennt es doch!", schlug die Ängstlichste von uns vor.

Das und der Moment, als die Polizei an der Schranktür rüttelte, waren meine angstvollsten Augenblicke. Mein Tagebuch nicht! Mein Tagebuch nur zusammen mit mir! Aber Vater antwortete zum Glück nicht. Es hat überhaupt keinen Zweck, die Gespräche zu wiederholen, an die ich mich erinnere. Es wurde so viel geredet. Ich tröstete Frau van Daan in ihrer Angst. Wir sprachen über Flucht, Verhöre bei der Gestapo, über Telefonieren und über Mut. „Nun müssen wir uns eben wie Soldaten verhalten, Frau van Daan. Wenn wir draufgehen, na gut, dann eben für Königin und Vaterland, für Freiheit, Wahrheit und Recht, genau was im Sender Oranje immer wieder gesagt wird. Das Schlimme ist nur, dass wir die anderen dann mit ins Unglück ziehen." Herr van Daan wechselte nach einer Stunde wieder den Platz mit seiner Frau. Vater kam zu mir. Die Herren rauchten ununterbrochen. Ab und zu war ein tiefer Seufzer zu hören, dann wieder Pinkeln, und dann fing alles wieder von vorn an. Vier Uhr, fünf Uhr, halb sechs. Nun setzte ich mich zu Peter. Dicht aneinander gedrückt, so dicht, dass wir die Schauer im Körper des anderen fühlten, saßen wir da, sprachen ab und zu ein Wort und lauschten angestrengt. Im Zimmer zogen sie die Verdunklung hoch und schrieben die Punkte auf, die sie Kleiman am Telefon sagen wollten.

Um sieben Uhr wollten sie ihn nämlich anrufen, damit jemand kam. Das Risiko, dass ein möglicher Bewacher vor der Tür oder im Lager das Telefonieren hörte, war groß. Aber noch größer, dass die Polizei wieder zurückkam. Obwohl ich den Erinnerungszettel hier beilege, zur größeren Deutlichkeit noch die Abschrift der Punkte:

Eingebrochen. Polizei war im Haus, bis zum Drehschrank, weiter nicht. Einbrecher sind offenbar gestört worden, haben Lager aufgebrochen und sind durch den Garten geflüchtet. Haupteingang verriegelt. Kugler muss durch die zweite Tür weggegangen sein. Schreibmaschine und Rechenmaschine sind sicher in der schwarzen Kiste im Privatbüro. Wäsche von Miep oder Bep liegt in der Waschwanne in der Küche. Schlüssel für zweite Tür haben nur Bep oder Kugler, möglicherweise Schloss kaputt. Versuchen, Jan zu benachrichtigen, Schlüssel holen und zum Büro gehen, um nachzuschauen. Katze muss gefüttert werden.

Alles verlief nach Wunsch. Kleiman wurde angerufen, die Schreibmaschine in die Kiste gebracht. Danach saßen wir wieder am Tisch und warteten auf Jan oder die Polizei. Peter war eingeschlafen, Herr van Daan und ich lagen auf dem Boden, als wir unten laute Schritte hörten. Leise stand ich auf. „Das ist Jan!"

„Nein, nein, das ist die Polizei!", sagten alle anderen.

Es wurde geklopft, Miep pfiff. Frau van Daan wurde es zuviel. Leichenblass und schlaff hing sie in ihrem Stuhl, und wenn die Spannung noch eine Minute länger gedauert hätte, wäre sie ohnmächtig geworden. Als Jan und Miep hereinkamen, bot unser Zimmer einen herrlichen Anblick. Der Tisch alleine wäre schon ein Foto wert gewesen: Ein „Cinema & Theater" aufgeschlagen, die Seite mit Tänzerinnen voll mit Marmelade und einem Mittel gegen Durchfall, zwei Marmeladengläser, ein halbes und ein viertel Brötchen, Pektin, Spiegel, Kamm, Streichhölzer, Asche, Zigaretten, Tabak, Aschenbecher, Bücher, eine Unterhose, eine Taschenlampe, Toilettenpapier usw. usw.

Jan und Miep wurden natürlich mit Jauchzen und Tränen begrüßt. Jan zimmerte das Loch mit Holz zu und ging schon bald mit Miep wieder weg, um der Polizei den Einbruch zu melden. Miep hatte unter der Lagertür einen Zettel von Nachtwächter Slagter gefunden, der das Loch entdeckt und der Polizei Bescheid gesagt hatte. Bei ihm wollte Jan auch vorbeigehen. Eine halbe Stunde hatten wir also, um uns zurechtzumachen, und noch nie habe ich gesehen, wie sich innerhalb von einer halben Stunde so viel verändert hat. Margot und ich legten unten die Betten aus, gingen zur Toilette, putzten die Zähne, wuschen die Hände und kämmten die Haare. Danach räumte ich das Zimmer noch ein bisschen auf und ging wieder nach oben. Dort war der Tisch schon abgeräumt. Wir holten Wasser, machten Kaffee und Tee, kochten Milch und deckten für die Kaffeestunde. Vater und Peter reinigten die Pinkeltöpfe mit warmem Wasser und Chlorkalk. Der größte war bis oben voll und so schwer, dass er kaum zu heben war. Außerdem leckte das Ding, so dass es in einem Eimer weggetragen werden musste.

Um elf Uhr saßen wir mit Jan, der zurückgekommen war, am Tisch und es wurde allmählich schon wieder gemütlich. Jan erzählte Folgendes:

Bei Slagters erzählte seine Frau (Slagter selbst schlief noch), dass er bei seiner Runde das Loch bei uns entdeckt hatte und mit einem herbeigeholten Polizisten durch das Gebäude gelaufen war. Herr Slagter ist privater Nachtwächter und radelt jeden Abend mit seinen zwei Hunden die Grachten entlang. Am Dienstag will er zu Kugler kommen und die Sache besprechen. Auf dem Polizeibüro hatten sie noch nichts von dem Einbruch gewusst, es aber sofort notiert. Sie wollen ebenfalls am Dienstag kommen und mal nachschauen.

Auf dem Rückweg ging Jan zufällig bei unserem Kartoffellieferanten vorbei und erzählte ihm, dass eingebrochen worden war.

„Das weiß ich", sagte der seelenruhig. „Ich kam gestern Abend mit meiner Frau an dem Gebäude vorbei und sah ein Loch in der Tür. Meine Frau wollte schon weitergehen, aber ich schaute mit der Taschenlampe nach, und da sind die Diebe bestimmt weggelaufen. Sicherheitshalber habe ich die Polizei nicht angerufen, ich wollte das bei Ihnen nicht. Ich weiß zwar nichts, aber ich vermute viel." Jan bedankte sich und ging. Bestimmt nimmt der Mann an, dass wir hier sind, denn er bringt die Kartoffeln immer in der Mittagspause, zwischen halb eins und halb zwei. Ein prima Mann!

Nachdem Jan weggegangen war und wir abgewaschen hatten, war es ein Uhr. Alle acht gingen wir schlafen. Um Viertel vor drei wurde ich wach und sah, dass Herr Dussel schon verschwunden war. Ganz zufällig begegnete ich Peter mit meinem verschlafenen Gesicht im Badezimmer. Wir verabredeten uns für unten. Ich machte mich zurecht und ging hinunter.

Arbeitsblatt: Das Tagebuch der Anne Frank

Das Tagebuch der Anne Frank

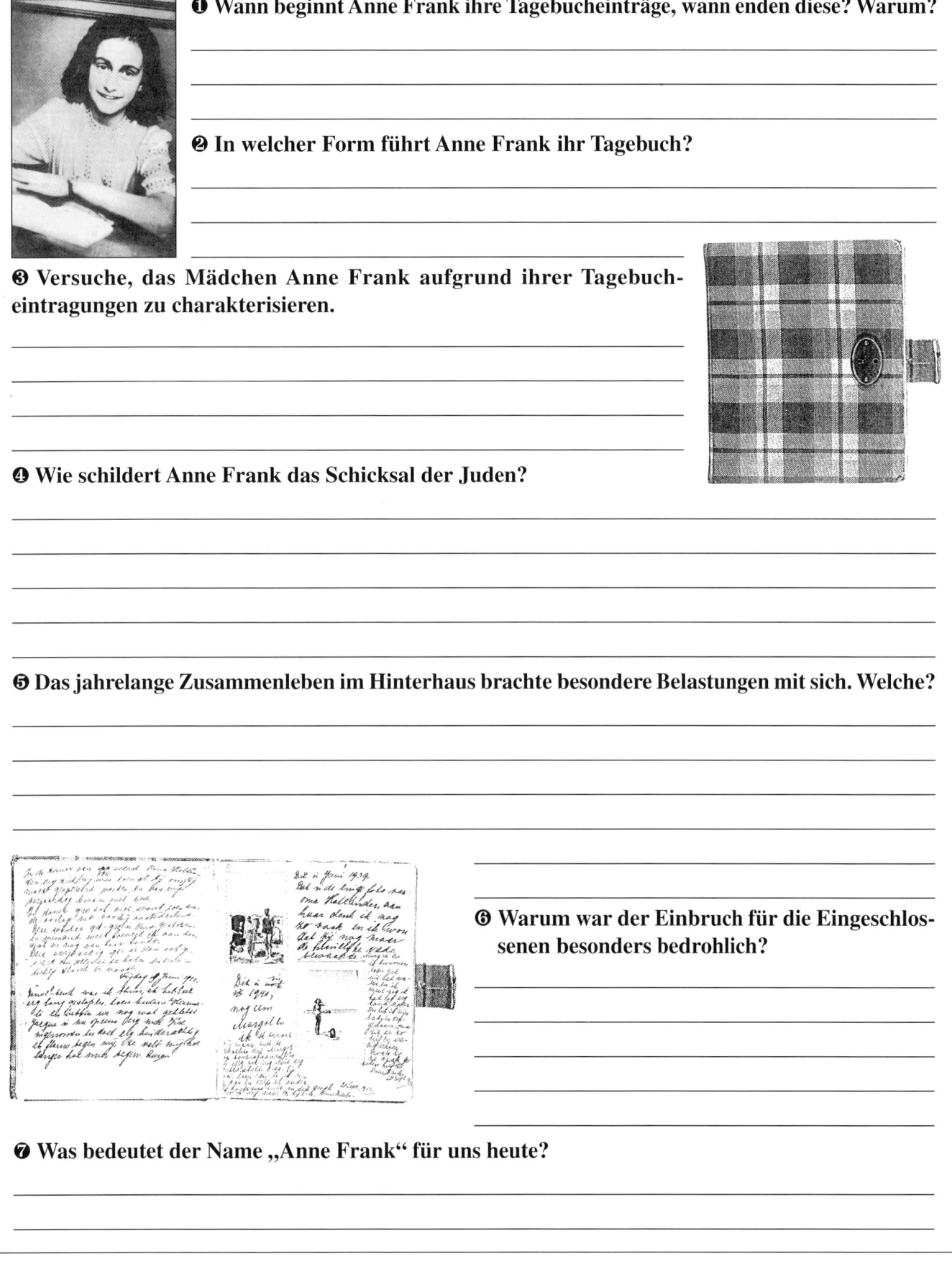

❶ Wann beginnt Anne Frank ihre Tagebucheinträge, wann enden diese? Warum?

❷ In welcher Form führt Anne Frank ihr Tagebuch?

❸ Versuche, das Mädchen Anne Frank aufgrund ihrer Tagebucheintragungen zu charakterisieren.

❹ Wie schildert Anne Frank das Schicksal der Juden?

❺ Das jahrelange Zusammenleben im Hinterhaus brachte besondere Belastungen mit sich. Welche?

❻ Warum war der Einbruch für die Eingeschlossenen besonders bedrohlich?

❼ Was bedeutet der Name „Anne Frank" für uns heute?

143

Lösungsblatt: Das Tagebuch der Anne Frank

Das Tagebuch der Anne Frank

❶ **Wann beginnt Anne Frank ihre Tagebucheinträge, wann enden diese? Warum?**
Sie beginnt am 14. Juni 1942, zwei Tage nach ihrem 13. Geburtstag zu schreiben. Die Einträge enden am 1. August 1944, drei Tage vor der Entdeckung und der anschließenden Deportation.

❷ **In welcher Form führt Anne Frank ihr Tagebuch?**
Anne Frank berichtet in Briefform ihrer fiktiven Freundin „Kitty" vom Leben im Hinterhaus, von ihren Gedanken und Ängsten. Anne setzt sich, indem sie an „Kitty" schreibt, mit sich selbst auseinander.

❸ **Versuche, das Mädchen Anne Frank aufgrund ihrer Tagebucheintragungen zu charakterisieren.**
Anne Frank (geb. 12. Juni 1929) beschreibt sich selbst als „glückliche Natur" mit „viel Fröhlichkeit und Kraft". Sie ist lebenslustig und lebhaft, ihrer Schwester gegenüber etwas aufsässig und kratzbürstig. Sie trägt ihre schwierige Lage mit unglaublicher Kraft und Fassung.

❹ **Wie schildert Anne Frank das Schicksal der Juden?**
Die Juden werden verfolgt und ihre Geschäfte boykottiert. Alle Juden müssen einen Stern tragen, dürfen nicht mehr Straßenbahn und Auto fahren, müssen nach 20 Uhr zu Hause sein, dürfen nur noch in jüdischen Geschäften von 15 bis 17 Uhr einkaufen, dürfen keinen Sport mehr treiben, dürfen nur noch jüdische Schulen besuchen, müssen Fahrräder und elektrische Geräte abgeben. Zuwiderhandlungen werden strengstens bestraft, Widerständler erschossen.

❺ **Das jahrelange Zusammenleben im Hinterhaus brachte besondere Belastungen mit sich. Welche?**
Die acht versteckten Personen (Otto, Edith, Margot und Anne Frank; Hermann, Auguste und Peter van Pels – Deckname: van Daan; Fritz Pfeffer – Deckname: Albert Dussel) müssen ständig Angst haben, entdeckt zu werden. Die dauernde Anspannung, verbunden mit Schlafmangel, wenig Nahrung und hygienischen Problemen führt oft zu Streit. Sie müssen leise gehen und sprechen und können nie nach draußen. Es gibt keine Intimsphäre.

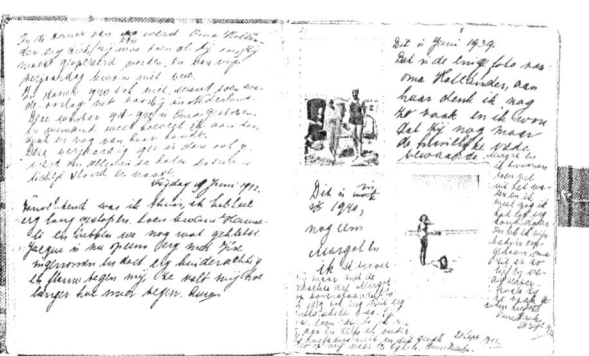

❻ **Warum war der Einbruch für die Eingeschlossenen besonders bedrohlich?**
Nach dem Einbruch am 9. April 1944 wird die Polizei verständigt. Diese durchsucht das Haus und rüttelt zweimal am Drehschrank, der Geheimtür zum Hinterhaus. Die versteckten Personen werden jedoch nicht entdeckt.

❼ **Was bedeutet der Name „Anne Frank" für uns heute?**
Für Millionen Menschen ist Anne Frank zur Symbolfigur für die sechs Millionen Juden geworden, die von den Nazis ermordet worden sind.

Chronik der Judenverfolgung

1933

01.04.	Boykott aller jüdischen Geschäfte in Deutschland.
07.04.	Entfernung vieler jüdischer Beamter aus ihren Stellungen.
14.07.	Gesetz über den Widerruf von Einbürgerungen und die Aberkennung der deutschen Staatsangehörigkeit.
02.09.	Reichskulturkammer-Gesetz: Ausschaltung der jüdischen Schriftsteller und Künstler.
04.10.	Schriftleiter-Gesetz: Ausschaltung der jüdischen Redakteure.

1935

21.05. Wehrgesetz: „arische Abstammung" wird Voraussetzung für den Wehrdienst.

15.09. Reichsparteitag der NSDAP. Der Reichstag beschließt auf einer Sondersitzung die antisemitischen „Nürnberger Gesetze", das „Reichsbürgergesetz" und das „Gesetz zum Schutze des deutschen Blutes und der deutschen Ehre". Sie sind die Grundlage für die Ausschaltung der Juden aus allen öffentlichen Arbeitsverhältnissen und für die Deklassierung der jüdischen Bürger in ihren politischen Rechten.

1937

Beginn der „Arisierung" der Wirtschaft: Die jüdischen Inhaber werden (ohne gesetzliche Grundlage) gezwungen, ihre Unternehmen meist erheblich unter dem wahren Wert zu verkaufen.

12.06. Geheimerlass Reinhard Heydrichs über die Schutzhaft für „Rassenschänder" nach Abschluss des ordentlichen Gerichtsverfahrens.

1938

28.03. Gesetz über die Rechtsverhältnisse der jüdischen Kultusvereinigungen: Jüdische Gemeinden sind nicht mehr Körperschaften des öffentlichen Rechts, sondern nur noch rechtsfähige Vereine.

26.04. Verordnung über die Anmeldung aller jüdischen Vermögen über 5000 Reichsmark.

15.06. „Asozialen-Aktion": Verhaftung aller „vorbestraften" Juden, einschließlich der wegen Verkehrsvergehen u. ä. Belangen, und Einweisung in Konzentrationslager (ca. 1500 Menschen).

25.07. Streichung der Approbationen aller jüdischen Ärzte ab 30.09.1938.

17.08. Verordnung zur Durchführung des Gesetzes über die Änderung von Familiennamen und Vornamen: Ab 1. Januar 1939 müssen Juden ihrem Vornamen den Namen „Israel" oder „Sara" hinzusetzen.

05.10. Verordnung über Reisepässe: Einziehung der Pässe und (erschwerte) Neuausgabe mit Kennzeichen „J".

28.10. Ausweisung von 15000 bis 17000 Juden, die polnische Staatsangehörige waren.

07.11. Herschel Grynszpan, dessen Eltern von dieser Aktion betroffen sind, erschießt in Paris den deutschen Gesandtschaftsrat Ernst vom Rath.

09./10. 11. „Reichskristallnacht": Staatlich organisierter Pogrom gegen die Juden in Deutschland: Zerstörung von Synagogen, Geschäften, Wohnhäusern. Verhaftung von über 26000 männlichen Juden und Einweisung in die Konzentrationslager Dachau, Buchenwald und Sachsenhausen.

12.11. Verordnung über „Sühneleistung" der deutschen Juden in Höhe von 1 Milliarde Mark. Verbot des Besuchs von Theater, Kinos, Konzerten u. a. kulturellen Veranstaltungen für Juden.

28.11. Polizeiverordnung über das Auftreten der Juden in der Öffentlichkeit; Einschränkung der Bewegungsfreiheit etc.

03.12. Einziehung der Führerscheine.

1939

17.01. Verordnung über das Erlöschen der Zulassung von jüdischen Zahnärzten, Tierärzten und Apothekern.

30.04. Gesetz über Mietverhältnisse mit Juden: gesetzliche Vorbereitung zur Zusammenlegung jüdischer Familien in „Judenhäusern".

01.09. In Deutschland Ausgangsbeschränkungen für Juden (im Sommer ab 21 Uhr, im Winter ab 20 Uhr).

21.09. Richtlinien Heydrichs für die Einsatzgruppen in Polen („Gettoisierung").

23.09. Beschlagnahme der Rundfunkgeräte bei Juden.

12.10. Erste Deportierungen aus Österreich und dem „Protektorat" Böhmen und Mähren nach Polen.

1940

20.04. Geheimerlass des Oberkommandos der Wehrmacht: Entlassung der Mischlinge und Ehemänner von Jüdinnen.

22.10. „Aktion Bürckel": Deportation der Juden aus Elsass-Lothringen, Saarland und Baden nach Südfrankreich, bis 1942 nach Auschwitz.

15.11. Hermetische Abriegelung des Warschauer Gettos.

1941

22./23.01.	Erste Judenmassaker in Rumänien.
Febr./April	Deportation von 72 000 Juden ins Warschauer Getto.
22.02.	Deportation von 400 jüdischen Geiseln aus Amsterdam nach Mauthausen.
14.05.	Verhaftung von 3600 Pariser Juden.
Juni/August	Zahlreiche Pogrome in den besetzten russischen Gebieten.
31.07.	Göring beauftragt Heydrich mit der Evakuierung aller europäischen Juden. Beginn der „Endlösung".
23.09.	Erste Versuchsvergasungen in Auschwitz.
28./29.09.	Massenmorde in Kiew (34 000 Opfer).
12./13.10.	Massaker in Dnjepropetrowsk (11 000 Opfer).
23.10.	Verbot der Auswanderung von Juden.
Okt./Nov.	Grausame Judenvernichtungen in ganz Südrussland.
22.11.	Blutbad in Wilna (32 000 Opfer).
Beg. Dez.	Blutbad in Riga, dem auch die ersten Judentransporte aus dem Reich zum Opfer fallen (2700 Menschen).
Ende Dez.	Beginn der Massenvernichtung in Chelmno.
30.12.	Blutbad in Simferopol auf der Krim (10 000 Opfer).

1942

20.01.	„Wannsee-Konferenz" über die Deportation und Ausrottung des europäischen Judentums („Endlösung")
31.01.	Liquidierung von 229 052 Juden in den baltischen Staaten.
Febr./März	Massenmord an den Juden in Charkow (14 000 Opfer).
06.03.	Erste Sterilisationskonferenz: Erörterungen über Sterilisierung der „Mischlinge".
31.03.	„Umsiedlung" des Lubliner Gettos: 26 000 Menschen werden nach Belzec und Majdanek gebracht.
Ende März	Eintreffen der ersten europäischen Judentransporte in Auschwitz.
24.04.	Verbot der Benutzung öffentlicher Verkehrsmittel durch Juden im Reich. Ausnahmen für Zwangsarbeiter, wenn der Arbeitsplatz mehr als sieben Kilometer vom Wohnort entfernt ist. Sitzen aber verboten.
Anf. Juni	Beginn der Massenvergasungen in Auschwitz.
22.07.	„Umsiedlung" der Warschauer Getto-Bewohner in die Vernichtungslager Belzec und Treblinka.
09.09.	Massaker bei Kislowodsk, Kaukasus.
04.10.	Die deutschen Konzentrationslager werden „judenfrei": alle jüdischen Häftlinge nach Auschwitz.
29.10.	Massenexekution der Juden in Pinsk (16 000 Opfer).
17.12.	Alliierte versprechen, die Ausrottung der Juden zu sühnen.

1943

18.01.	Erster Widerstand gegen die Deportationen im Warschauer Getto.
13.03.	Auflösung des Gettos Krakau. Das erste der neuen Krematorien in Auschwitz eröffnet.
ab 19.04.	Aufstand und Vernichtung des Warschauer Gettos.
11.06.	Himmler befiehlt die Liquidierung aller polnischen Gettos.
ab 21.06.	Liquidierung des Lemberger Gettos (20 000 Opfer).
25.06.	Aufstand und Vernichtung des Gettos Tschenstochau.
02.08.	Aufstand in Treblinka.
ab 11.08.	Aufstand und Vernichtung des Gettos Bialystok.
ab 11.09.	„Familientransporte" aus Theresienstadt nach Auschwitz.
23.09.	Liquidierung des Gettos Wilna.
14.10.	Aufstand in Sobibor.
03.11.	Liquidierung des Gettos Riga. Ermordung der im KZ Majdanek verbliebenen Juden (17 000 Opfer).

1944

ab 15.05.	Deportation von 476 000 Juden aus Ungarn nach Auschwitz.
September	Abtransport aller Juden in holländischen Lagern nach Deutschland.
23.09.	Blutbad im Lager Kluga, Estland.
07.10.	Ausbruchsversuch in Auschwitz-Birkenau. Ende Oktober letzte Vergasungen in Auschwitz.
18.11.	Eichmann deportiert 38 000 Juden aus Budapest in die KZs Buchenwald, Ravensbrück u. a.
26.11.	Befehl Himmlers zur Zerstörung der Krematorien in Auschwitz.

1945

17.01.	Befreiung von 80 000 Juden in Budapest.
06.04.	Evakuierung von 15 000 Juden aus Buchenwald.
11.04.	Buchenwald wird von amerikanischen Truppen befreit.

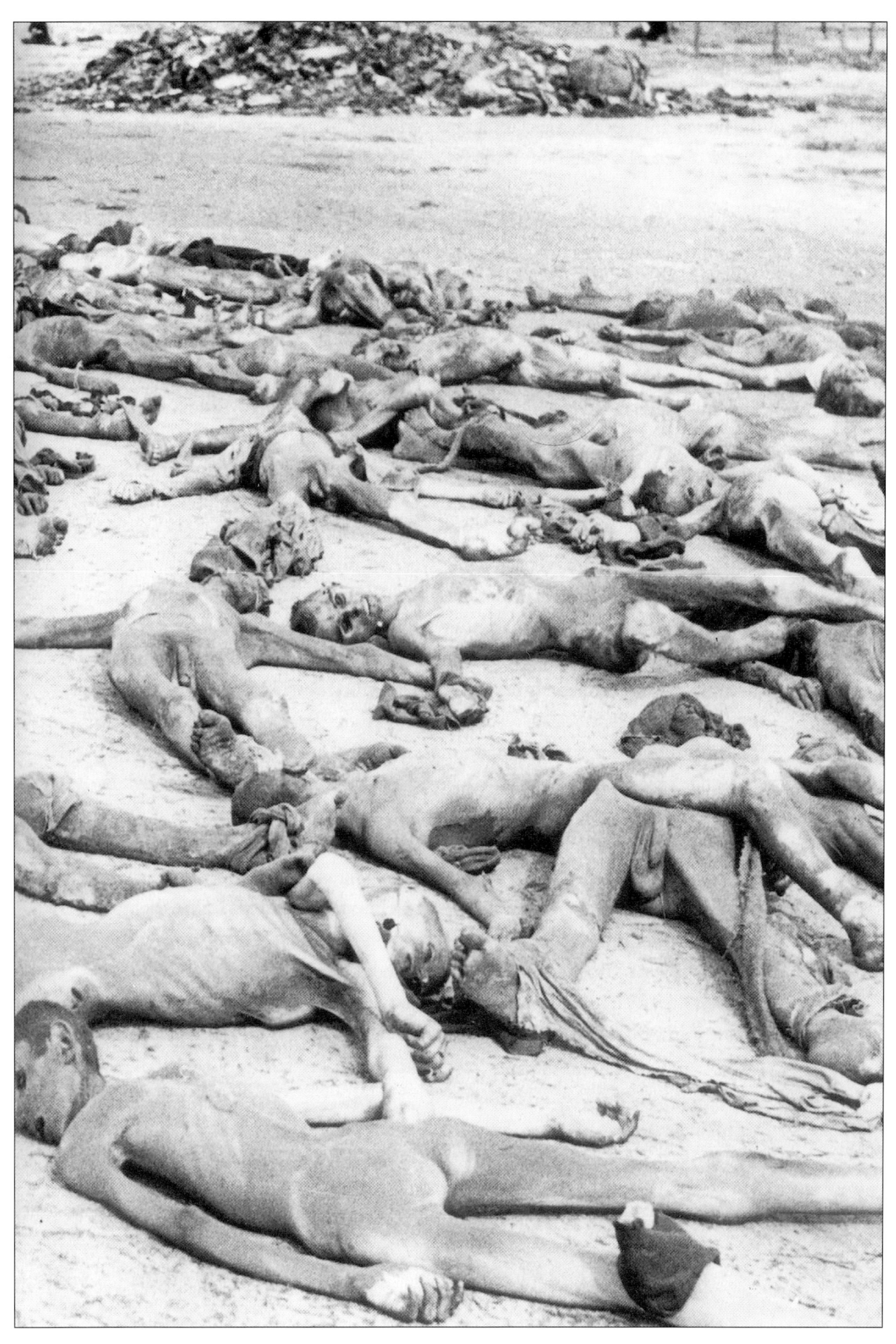

Textquellenverzeichnis

Gottfried August Bürger: Feldzüge und lustige Abenteuer des Freiherrn von Münchhausen (Ausschnitt), aus: Ders.: Münchhausen. Wunderbare Reisen zu Wasser und zu Lande, Feldzüge und lustige Abenteuer des Freiherrn von Münchhausen (Nachdruck der Ausgabe von 1788). Nachwort von Max Lüthi. Manesse München 2002.

Johann Peter Hebel: Der große Schwimmer; Der Herr Wunderlich, aus: Ders.: Die Kalendergeschichten. Sämtliche Erzählungen aus dem Rheinländischen Hausfreund. Herausgegeben von Hannelore Schlaffer und Harald Zils. Hanser München 1999.

Jeremias Gotthelf: Der Geizhals, aus: Ders.: Gesammelte Erzählungen, 5 Bde. Area Erfstadt 2004.

Johann Gottfried Herder: Die ewige Bürde, aus: Ders.: Gesammelte Werke, 5. Bde. Herausgegeben von Franz Schultz. Rütten & Loening Potsdam o. J.

Heinrich von Kleist: Sonderbarer Rechtsfall in England, aus: Hans-Joachim Malberg (Hrsg.): Der Hirtenknabe. Märchen und Geschichten deutscher Dichter. Knabe Weimar 1968.

Heinrich Böll: Anekdote zur Senkung der Arbeitsmoral, aus: Ders.: Erzählungen. Herausgegeben von Viktor Böll, Karl Heiner Busse. © by 1994 Kiepenheuer & Witsch Köln.

Art Buchwald: Fernsehen als Scheidungsgrund, aus: Raoul Hoffmann (Hrsg.): Auf Live und Tod. Satiren für Rundfunkfreunde und Fernseher. © Cosmo Press Genf 1983.

Kurt Tucholsky: Was darf die Satire?; Kleine Begebenheit, aus: Ders.: Gesammelte Werke. Herausgegeben von Gerold und Mary Tucholsky, Fritz J. Raddatz. Rowohlt Reinbek bei Hamburg 1967.

Klaus Stiller: Traumberuf Bankräuber, aus: Ders.: Traumberufe. © 1977 Karl Hanser Verlag München-Wien.

Erich Kästner: Das Märchen von der Vernunft: © Atrium Verlag, Zürich und Thomas Kästner.

Günter Kunert: Ballade vom Ofensetzer; Die Maschine, aus: Ders.: Tagträume in Berlin und andernorts. Kleine Prosa, Erzählungen, Aufsätze. © 1972 Carl Hanser Verlag München-Wien.

Bertolt Brecht: Herrn K.s Lieblingstier; Freundschaftsdienste, aus: Ders.: Werke. Große kommentierte Berliner und Frankfurter Ausgabe, Band 18, © Suhrkamp Verlag 1995.

Heinrich Böll: Skelett einer menschlichen Siedlung, aus: Ders.: Irisches Tagebuch. © 1957, 1988, 1996, 2000 by Verlag Kiepenheuer & Witsch.

Reiner Kunze: Sechsjähriger; Achtjähriger, aus: Ders.: Die wunderbaren Jahre. © S.Fischer Verlag GmbH, Frankfurt am Main 1976.

Cornelia Schmalz-Jacobsen: Georg Hansen (Hrsg.): Vorurteil, aus: Dies.: Kleines Lexikon der ethnischen Minderheiten in Deutschland. Bundeszentrale für politische Bildung Bonn 1997.

Helga M. Novak: Aufenthalt in einem irren Haus. © Schöffling & Co. Verlagsbuchhandlung GmbH, Frankfurt am Main 1995, S. 83–84.

Franz Kafka: Der Fahrgast, aus: Ders.: Betrachtung. Philipp Reclam Leipzig 1986.

Franz Kafka: Der Aufbruch, aus: Ders.: Die Romane und Erzählungen, 4 Bde. Fischer Frankfurt 2004.

Ludwig van Beethoven: Das Heiligenstädter Testament, aus: Ders: Studien im Generalbasse, Contrapuncte und in der Compositions-Lehre. Aus dessen Handschriftlichen Nachlasse. Gesammelt und hrsg. von Ignaz Ritter von Seyfried. Haslinger Wien o. J.

Das Tagebuch der Anne Frank: Zitate aus Anne Frank Tagebuch. Einzig autorisierte und ergänzte Fassung Otto H. Frank und Mirjam Pressler. © 1991 by Anne ANNE FRANK-Fonds, Basel. Alle Rechte vorbehalten S.Fischer Verlag GmbH, Frankfurt am Main.